INSULiNOOPORNOŚĆ

LECZENiE DiETĄ

zwierciadło

HANNA
STOLIŃSKA-FIEDOROWICZ

INSULINOOPORNOŚĆ

LECZENIE DIETĄ

140
PRZEPISÓW

Spis treści

Szczególne podziękowania składam wydawnictwu Zwierciadło za propozycję napisania tej książki, moim pacjentom, dzięki którym teorię mogę przekładać na praktykę, co jest dla mnie największą nauką i doświadczeniem, oraz mojej rodzinie, wspierającej mnie w rozwijaniu mojej pasji, którą jest praca dietetyka. Dziękuję za pomoc współpracującej ze mną Mai Krzyżanowskiej, studentce studiów magisterskich na kierunku dietetyka na Uniwersytecie Przyrodniczym w Poznaniu oraz kierunku psychologia na Uniwersytecie im. Adama Mickiewicza. Podziękowania kieruję również do Pauli Kraśniewskiej z NaturChef, która ma fantastyczną wyobraźnię kulinarną, za pomoc przy tworzeniu zdrowych i smacznych propozycji posiłków.

Wstęp

Kiedyś: cukrzyca obok chorób układu krążenia była najczęściej wymienianym problemem zdrowotnym związanym z otyłością na skutek złej diety – przede wszystkim bogatej w słodycze, słodkie napoje, białe pieczywo – oraz małej aktywności fizycznej. Osoby z zaburzeniami gospodarki węglowodanowej najczęściej tłumaczyły swoje problemy genetyką, dziedziczeniem otyłości i cukrzycy po dziadkach i rodzicach. Cukrzyca typu 1 przypisana była dzieciom, zaś cukrzyca typu 2 głównie mężczyznom po czterdziestym roku życia.

Dziś: wszystko zaczyna odwracać się o 180 stopni. Coraz więcej dzieci na skutek nieprawidłowej diety i nadwagi zapada na cukrzycę typu 2 i u coraz młodszych osób rozpoznaje się zaburzenia gospodarki węglowodanowej w postaci insulinooporności. Zmiana stylu życia doprowadziła wręcz do pandemii otyłości i zaburzeń metabolicznych we wszystkich regionach świata. Dlatego tę książkę, ku przestrodze, zacznę mocnymi danymi dotyczącymi skali problemu, jakim jest otyłość oraz cukrzyca.

Nadwaga i otyłość stanowią ogromny problem społeczny. Nadmierna masa ciała znacznie zwiększa ryzyko wielu przewlekłych chorób niezakaźnych (chodzi m.in. o choroby układu krążenia, głównie zawał serca, udar mózgu, nadciśnienie tętnicze, a także wiele nowotworów, cukrzycę typu 2, kamicę żółciową, choroby układu kostno-stawowego), które stanowią przyczynę 47% całkowitej liczby zachorowań i 60% całkowitej liczby zgonów na całym świecie. Konsekwencją rozpowszechnienia się nadwagi i otyłości jest również znaczne obciążenie społeczeństwa ekonomicznymi skutkami problemów zdrowotnych. Szacuje się, że koszty opieki zdrowotnej u osób z nadwagą i otyłością są o ponad 40% wyższe niż u osób z prawidłową masą ciała.

Ocenia się, że w Polsce ponad 60% osób dorosłych ma nadmierną masę ciała, a 22% kobiet i 21% mężczyzn zmaga się z otyłością. Częstotliwość występowania nadwagi i otyłości w naszym kraju wykazuje tendencję wzrostową. Wśród mężczyzn w wieku 50–59 lat w roku 2000 otyłość stwierdzono dwukrotnie częściej niż w roku 1991 (25,3% vs 12,4%). Badanie WOBASZ II (Wieloośrodkowe Ogólnopolskie Badanie Stanu Zdrowia Ludności) przeprowadzone w latach 2013–2014 w 16 województwach w pełni potwierdziło alarmującą sytuację w zakresie nasilenia otyłości, gdyż u 24,2% mężczyzn i 23,4% kobiet w wieku 20–74 lat stwierdzono otyłość, a nadwagę odpowiednio u 43,1% i 29,5%.

Niepokojący jest również stały wzrost odsetka dzieci z nadmierną masą ciała. Wskazują na to międzynarodowe badania, którymi objęto również Polskę, przeprowadzone wśród dzieci w wieku 11–12 lat. Wykazały one, że już w tym wieku otyłych lub z nadwagą jest w naszym kraju 28% chłopców oraz 22% dziewcząt.

W ponad 90% przypadków u podstaw rozwoju nadwagi i otyłości leży zły styl życia – nieprawidłowe żywienie, niska aktywność fizyczna, nieumiejętność radzenia sobie ze stresem, mała ilość snu. Ograniczenie występowania nadwagi i otyłości wymaga zatem zmiany stylu życia, przyzwyczajeń oraz wzrostu świadomości na temat roli żywienia i aktywności fizycznej w zachowaniu zdrowia.

Insulinooporność, która jest zwykle konsekwencją otyłości, to również pierwszy etap rozwoju cukrzycy. Insulinooporność nie jest łatwa do rozpoznania i nie ma specjalnych rekomendowanych wytycznych postępowania dietetycznego, gwarantujących sukces leczenia. Ale walka z nią jest bardzo ważna i możliwa do wygrania. Insulinooporność to proces odwracalny! Warto jednak cofnąć się o krok i zadbać o prewencję pierwotną, czyli o prawidłową dietę i regularną aktywność fizyczną.

Trzustka

Rozpoczynając rozważania nad insulinoopornością, powinniśmy omówić budowę i rolę trzustki, co ułatwi późniejsze zrozumienie mechanizmu powstawania insulinooporności.

Trzustka jest gruczołem pojawiającym się już w czwartym tygodniu życia płodowego. Zlokalizowana jest w górnej części brzucha, w przestrzeni zaotrzewnowej. Umiejscowienie jej rozpoczyna się od dwunastnicy i ciągnie aż do śledziony. Ten narząd gruczołowy zaliczany jest do zewnątrzotrzewnowych, wyjątek stanowi jedynie niewielka część jego ogona. Długość trzustki u osoby dorosłej wynosi około 12–15 cm, wysokość 4–5 cm, grubość 2–3 cm, a masa 70–100 g.

W trzustce można wyróżnić: głowę, wyrostek haczykowaty, szyję, trzon i ogon. Wyrostek haczykowaty łączy się z głową w jej dolnej części, a trzon rozciąga się między szyją a ogonem. W ogonie narządu rozpoczyna się przewód trzustkowy, który w dolnej części głowy łączy się z przewodem żółciowym wspólnym. Punkt połączenia tych przewodów to bańka wątrobowo-trzustkowa. Pod względem wielkości trzustka jest drugim gruczołem trawiennym.

Budowa trzustki

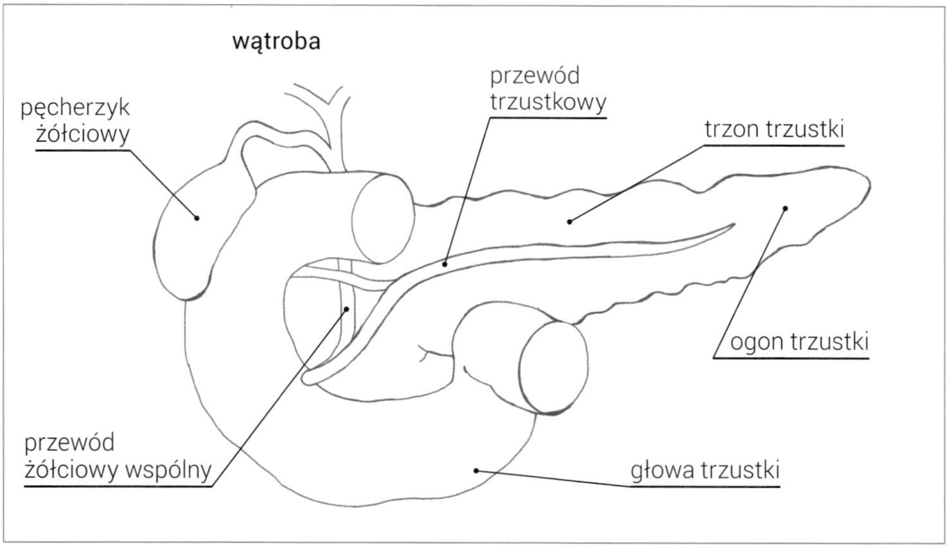

Trzustka pełni dwie czynności – jest to funkcja zewnątrzwydzielnicza, która polega na wydzielaniu soku trzustkowego, oraz wewnątrzwydzielnicza, odpowiedzialna za produkcję hormonów. Około 80% masy trzustki stanowią komórki pęcherzykowe. To właśnie one odpowiadają za wydzielanie izotonicznego soku trzustkowego, w którym znajdują się enzymy mające za zadanie trawienie spożywanego pokarmu. Część zewnątrzwydzielnicza stanowi nawet 90% masy całej trzustki.

W skład soku trzustkowego wchodzą enzymy trawiące węglowodany, białka oraz tłuszcze. Oprócz enzymów, w soku trzustkowym znajdują się również woda i elektrolity. Sok odprowadzany jest przez przewód trzustkowy główny oraz przewód trzustkowy dodatkowy do światła dwunastnicy. W ciągu doby trzustka produkuje od 1 do 4 litrów soku trzustkowego. Ten izotoniczny płyn ma charakter zasadowy ze względu na występowanie w nim jonów chlorkowych oraz wodorowęglanów. Na wydzielanie soku trzustkowego wpływa pobudzenie nerwu błędnego oraz takie hormony jak sekretyna, pankreozymina, gastryna czy VIP (ang. *vasoaktive intestinal peptide* – wazoaktywny peptyd jelitowy). Z kolei za hamowanie wydzielania odpowiada somatostatyna. Trzustka, pomimo produkcji enzymów trawiących, nie ulega samostrawieniu. Wydziela ona proenzymy, czyli nieaktywne formy enzymów, które są bezpieczne dla gruczołu. Trypsynogen, chymotrypsyna czy prokarboksylopeptydazy zostają uaktywnione dopiero wtedy, gdy znajdą się w świetle dwunastnicy, a więc pierwszej części jelita cienkiego.

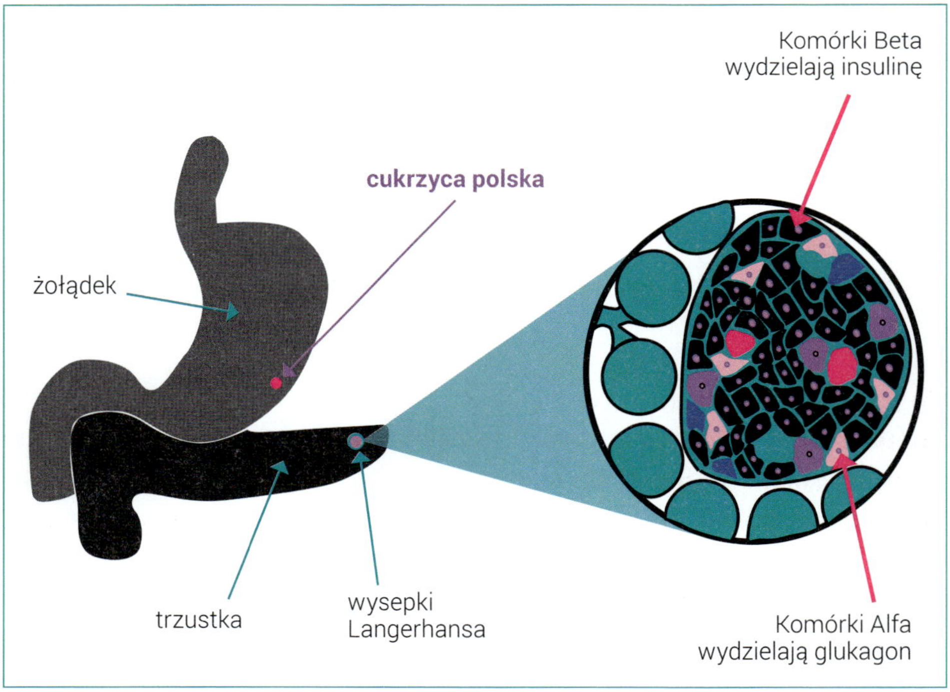

W trzustce wyróżnia się tzw. wyspy Langerhansa, których łączna liczba waha się od około 0,5 mln do 2 mln, a ich masa wynosi nawet 1 g. Są to zgrupowane komórki endokrynne, które znajdują się w wewnątrzwydzielniczej części narządu, a największa ich ilość znajduje się w ogonie trzustki. Miąższ wysp stanowią komórki endokrynowe. Głównie wyróżnia się komórki A, komórki B, komórki D oraz komórki PP, przy czym występują również komórki P, komórki EC, komórki C i komórki S.

W całym narządzie najliczniej prezentowane są komórki B trzustki. Tworzą one w 70% komórki endokrynowe wysp. Ich błona stanowi miejsce występowania transporterów glukozy, niezależnych od insuliny, o nazwie GLUT-2. Odpowiadają one za transport glukozy do komórek B trzustki. Komórki alfa, czyli komórki A, produkują glukagon, powodujący podwyższenie poziomu glukozy we krwi. Komórki beta, a więc komórki B, wydzielają insulinę obniżającą poziom glukozy we krwi. Komórki delta, nazywane komórkami D, wydzielają somatostatynę, a komórki PP – polipeptyd trzustkowy.

W soku trzustkowym znajduje się również kilka rodzajów enzymów: proteolityczne, odpowiadające za rozkład białek, lipolityczne – ich zadaniem jest trawienie tłuszczów oraz α-amylaza, która rozkłada skrobię.

Należy pamiętać, że omawiane enzymy trawienne wytwarzane są przez trzustkę, jednak miejscem ich działania jest dwunastnica.

Węglowodany

Co prawda węglowodany stanowią jedynie około 1% składu chemicznego organizmu dorosłego człowieka, jednak podaż tego makroskładnika jest niezbędna do jego prawidłowego funkcjonowania. Węglowodany, nazywane cukrami, są zbudowane z takich pierwiastków jak węgiel, wodór i tlen, przy czym stosunek tlenu do wodoru wynosi 1:2.

Węglowodany proste, inaczej monosacharydy, zawierają od 3 do 10 atomów węgla w jednej cząsteczce. Zaliczane są do nich: glukoza, fruktoza (cukier owocowy), galaktoza, mannoza czy ryboza. Glukoza jest najbardziej rozpowszechnionym cukrem prostym. Tworzy ona bardziej złożone cukry, będąc elementem laktozy, maltozy, sacharozy, celulozy, glikogenu, dekstranu czy skrobi.

Dwa monosacharydy tworzą disacharyd. Jednym z nich jest sacharoza, zawierająca w swojej budowie resztę glukozy i fruktozy. Innym przykładem jest laktoza czy maltoza. Laktoza stanowi główny sacharyd mleka. W mleku krowim jej ilość wynosi od 4,4 do 5,2%, a w mleku kobiecym 7%. Cukier ten zbudowany jest z glukozy oraz galaktozy.

Tabela: Ilość laktozy w gramach na 100 g wybranych produktów.

Produkt (100 g)	Laktoza (g)
Ser Brie	0,1
Ser Camembert	0,1
Ser Edamski	0,1
Ser Gouda	0,1
Serek homogenizowany pełnotłusty	2,0
Ser twarogowy tłusty	2,9
Ser twarogowy chudy	3,1
Ser twarogowy półtłusty	3,2
Śmietana 12% tłuszczu	3,9
Śmietana 9% tłuszczu	4,0
Kefir 2% tłuszczu	4,1
Mleko kozie	4,4
Jogurt naturalny 2% tłuszczu	4,6
Mleko 3,5% tłuszczu	4,6
Maślanka 0,5% tłuszczu	4,7
Mleko 1,5% tłuszczu	4,8
Mleko 0,5% tłuszczu	4,9
Mleko owcze	5,1

Disacharydy, jak i inne węglowodany posiadające w swojej budowie chemicznej od 2 do 20 monomerów (monomer to związek małocząsteczkowy, z którego w procesie tzw. polimeryzacji powstają polimery), należą do oligosacharydów (oligosacharydy to krótkie łańcuchy węglowodanowe, tzw. kilkucukry, np. właśnie disacharydy). Cząsteczki zawierające powyżej 20 monosacharydów nazywane są polisacharydami. Do tych cukrów należy skrobia, glikogen oraz amylopektyny. Glikogen jest polisacharydem zbudowanym wyłącznie z cząsteczek glukozy.

Cukry stanowią w roślinach około 80% ich suchej masy. Pełnią one wiele funkcji w organizmie ludzkim, w tym są materiałem zapasowym, energetycznym oraz szkieletowym. Razem z białkami mogą tworzyć glikoproteiny, a z tłuszczami – glikolipidy, które są ważnymi składnikami tkanki nerwowej czy błon i ścian komórkowych. Węglowodany są wytwarzane w procesie fotosyntezy przez zielone części roślin. Powstają więc one ze źródeł nieorganicznych i są nośnikami do świata ożywionego.

W zależności od stosowanej diety, węglowodany pokrywają dziennie zapotrzebowanie energetyczne od 40 do 80%. Codzienne spożycie tego makroskładnika jest niezbędne, ponieważ stanowi on główne źródło energii. Zbyt mała ilość węglowodanów, szacowana na mniej niż 50 g dziennie, powoduje nieprawidłowości w spalaniu kwasów tłuszczowych, czego konsekwencją jest powstanie ciał ketonowych.

Tabela: Podział diet ze względu na ilość oraz procent węglowodanów w danej diecie.

Rodzaj diety	Zawartość węglowodanów w diecie na dobę
Dieta o bardzo niskiej zawartości węglowodanów	20–50 g i/ lub < 10% całkowitej podaży energetycznej
Dieta o niskiej zawartości węglowodanów	< 130 g i/lub < 26% całkowitej podaży energetycznej
Dieta o umiarkowanej zawartości węglowodanów	26–45% całkowitej podaży energetycznej

Glukoza jest podstawowym składnikiem niezbędnym do pokrycia zapotrzebowania energetycznego mózgu. Wszystkie komórki żywe potrzebują tego monosacharydu, aby mogły w nich zajść podstawowe procesy fizjologiczne.

Wielkość zapotrzebowania na węglowodany zależy od wieku oraz stanu fizjologicznego. Przyjęto jednak, że zarówno dzieci, młodzież, jak i osoby dorosłe powinny dziennie spożywać minimum 130 g węglowodanów przyswajalnych. U kobiet w ciąży wartość ta jest wyższa i wynosi 175 g węglowodanów przyswajalnych na dzień, a u kobiet karmiących – 210 g. Inne wartości są przeznaczone dla niemowląt: dzieci do 6. miesiąca życia powinny spożywać 60 g węglowodanów przyswajalnych na dobę, a niemowlęta między 7. a 12. miesiącem życia – 95 g.

1 g węglowodanów dostarcza organizmowi 4 kcal, czyli 16,7 kJ. Oprócz węglowodanów przyswajalnych, takich jak glukoza, fruktoza, galaktoza, mannoza, sacharoza, maltoza, skrobia czy glikogen, wyróżniamy również błonnik pokarmowy, który nie ulega trawieniu oraz wchłanianiu w przewodzie pokarmowym, konkretnie w jelicie cienkim. Zaliczany jest on do węglowodanów nieprzyswajalnych. Posiłki, które charakteryzują się wysoką zawartością błonnika, zazwyczaj posiadają mniejszą gęstość energetyczną. Gęstość energetyczna jest to ilość dostępnej energii na skutek spożycia jednostki wagowej lub objętości pożywienia.

Posiłki bogate w błonnik często charakteryzują się większą objętością ze względu na mniejszą gęstość energetyczną. Produktami bogatymi w węglowodany nieprzyswajalne są produkty pochodzenia roślinnego. Dzienna zalecana ilość spożywanego błonnika waha się w granicach 20–40 g/dobę dla osób dorosłych. Według zaleceń WHO/FAO podaż błonnika w ilości 25 g na dzień umożliwia prawidłowe funkcjonowanie organizmu człowieka. Średnio warzywa dostarczają około 0,5–5,8 g błonnika na 100 g produktu, a owoce około 2 g.

Aby dokładnie zrozumieć mechanizm insulinooporności, niezbędne jest przedstawienie procesu trawienia węglowodanów, a zaczyna się on już w jamie ustnej. W jamie ustnej dochodzi do wymieszania pokarmu ze śliną, w której znajduje się enzym (amylaza ślinowa) rozpoczynający trawienie pokarmu, czyli rozkład skrobi do maltozy, dekstryn czy maltotrioz.

Pokarm następnie trafia do żołądka przez gardło oraz przełyk. W tej części przewodu pokarmowego nie dochodzi do znacznego trawienia węglowodanów ze względu na zbyt niskie pH panujące w żołądku, które unieczynnia działanie amylazy ślinowej. Jedynie dwucukry są częściowo hydrolizowane do sacharozy oraz maltozy.

W jelicie cienkim następuje dalsze trawienie cukrów. W końcu, strawione w wyniku działania licznych enzymów wyprodukowanych przez trzustkę, węglowodany w jelicie cienkim są wchłaniane do krwioobiegu.

Hormonalna regulacja gospodarki węglowodanowej – insulina

Produkowana przez trzustkę insulina jest hormonem powodującym obniżenie stężenia glukozy we krwi. Fizjologicznie wydzielanie insuliny następuje na dwa sposoby.

Pierwszy następuje na skutek spożycia pokarmu.

Drugi jest niezwiązany ze spożywaniem posiłków. U osób zdrowych hormon ten uwalniany jest pulsacyjnie, z przerwami trwającymi od 5 do 15 minut. Układ zwrotny transportuje insulinę do wątroby, skąd około połowa jest dostarczana do tkanek obwodowych.

Receptory insulinowe są obecne na powierzchni wszystkich komórek organizmu, a w największej ilości na powierzchni komórek tłuszczowych (adipocytów) oraz komórek wątroby (hepatocytów). Liczba receptorów insulinowych na poszczególnych komórkach jest różna i zmienia się pod wpływem stężenia insuliny – kiedy stężenie się zwiększa, ilość receptorów maleje i odwrotnie, gdy spada insulina, rośnie ilość receptorów. Receptory na odmiennych komórkach różnią się również funkcją, szybkością działania i stopniem powinowactwa do insuliny. Glukoza wchłonięta z jelita trafia do wątroby, a po przejściu do wnętrza komórek ulega szybkiej fosforylacji (rodzaj przemiany energii). Część glukozy trafia z powrotem do krwi i transportowana jest do innych komórek, a część jest magazynowana w postaci glikogenu (rodzaj polisacharydu). Synteza glikogenu jest zahamowana, kiedy osiągnie do 6% masy wątroby.

Hormonem działającym przeciwstawnie do insuliny jest glukagon, produkowany w trzustce przez komórki α wysp Langerhansa. Powoduje on podwyższenie stężenia glukozy we krwi na skutek rozpadu glikogenu w wątrobie. Prócz glukagonu, wiele innych hormonów wpływa na sekrecję (wydzielanie) insuliny.

Zaburzenia gospodarki węglowodanowej

Cukrzyca (DM, łac. *diabetes mellitus*) to choroba metaboliczna charakteryzująca się hiperglikemią, czyli podwyższonym stężeniem glukozy we krwi. Zbyt wysoki poziom tego monocukru może być spowodowany zaburzeniami wydzielania insuliny, jej nieprawidłowym działaniem bądź występowaniem jednocześnie obu tych zjawisk. Międzynarodowa Federacja Diabetologiczna podaje, że w roku 2017 około 425 milionów dorosłych w wieku od 20. do 79. roku życia żyło z cukrzycą, przy czym do roku 2045 liczba ta wzrośnie do 629 milionów.

Przewlekle występująca hiperglikemia prowadzi do uszkodzenia, dysfunkcji czy nawet niewydolności niektórych narządów. Szczególnie narażone są oczy, nerki, serce, naczynia krwionośne oraz nerwowe. Retinopatia cukrzycowa (choroba siatkówki oka) jest najczęściej spotykanym powikłaniem mikronaczyniowym cukrzycy w krajach uprzemysłowionych. Stanowi ona główną przyczynę ślepoty wśród osób w wieku produkcyjnym.

Mechanizm powstawania cukrzycy opiera się na kilku patogennych (destrukcyjnych) procesach. Jednym z nich jest autoimmunologiczne niszczenie komórek β wysp Langerhansa trzustki, czego konsekwencją jest niedobór insuliny. Mogą również powstać nieprawidłowości, które powodują oporność tkanek na działanie tego hormonu. Aby poziom glukozy we krwi był zawsze unormowany, zarówno insulina, jak i glukagon muszą być wydzielane w odpowiedniej ilości, a odpowiedź tkanek na ich działanie nie może być zmniejszona.

Wyróżniamy cztery główne rodzaje cukrzycy:

- **Cukrzyca typu 1** powstaje na skutek autoimmunologicznego niszczenia komórek β, zwykle prowadząc do absolutnego niedoboru insuliny. Brak leczenia prowadzi do kwasicy ketonowej i śpiączki. Na ten rodzaj cukrzycy cierpią przede wszystkim dzieci i osoby młode do 30. roku życia. Stanowi ona 10% wszystkich zachorowań na cukrzycę i wymaga bezwzględnego przyjmowania insuliny.
- **Cukrzyca typu 2** spowodowana jest stopniową utratą sekrecji (wydzielania) insuliny. Występuje głównie u osób po 45. roku życia i stanowi 90% wszystkich zachorowań na cukrzycę. Ten rodzaj cukrzycy związany jest z nadmierną masą ciała, nadciśnieniem tętniczym i zaburzeniami lipidowymi. W tym przypadku stosuje się dietę, aktywność fizyczną oraz leki przeciwcukrzycowe. Może jednak w późniejszym okresie wymagać podawania insuliny.
- W **cukrzycy ciężarnych**, inaczej nazywanej **cukrzycą ciążową**, u kobiety w drugim bądź trzecim trymestrze ciąży pojawia się choroba, która nie była jawna przed zajściem w ciążę. Szacuje się, że dotyka ona od 3 do 5% ciężarnych w Europie.
- Dodatkowo wyróżniamy jeszcze **inne specyficzne typy cukrzycy (cukrzyca wtórna)**, np. choroby zewnątrzwydzielnicze trzustki (zapalenie trzustki, mukowiscydoza), infekcje czy endokrynopatie.

Najpopularniejszymi typami jest DM1 (cukrzyca typu 1) oraz DM2 (cukrzyca typu 2). Choroby te różnią się mechanizmami powstawania, jak również symptomami. Poniższa tabela przedstawia podstawowe objawy cukrzycy typu 1 oraz cukrzycy typu 2.

Tabela: Główne symptomy DM1 i DM2.

Symptomy cukrzycy typu 1	Symptomy cukrzycy typu 2
nieprawidłowe pragnienie oraz suchość jamy ustnej	polidypsja (nadmierne pragnienie) i suchość jamy ustnej
częste oddawanie moczu	częste i obfite oddawanie moczu
brak energii, zmęczenie	brak energii, nadmierne zmęczenie
permanentne poczucie głodu	mrowienie lub drętwienie rąk i stóp
nagły spadek masy ciała	nawracające infekcje grzybicze skóry
moczenie nocne (ang. *bedwetting*)	powolne gojenie się ran
rozmazany obraz	rozmazany obraz

źródło:
International Diabetes Federation, 2018, https://www.idf.org/aboutdiabetes/what-is-diabetes/types-of-diabetes.html

Insulinooporność to stan obniżonej wrażliwości tkanek na działanie insuliny wydzielanej przez trzustkę na skutek spożycia węglowodanów mimo prawidłowego lub podwyższonego stężenia tego hormonu w surowicy krwi. Może mieć charakter wtórny (nabyty) albo pierwotny (uwarunkowany genetycznie). Pogorszona odpowiedź tkanek na insulinę i słabo reagujące komórki zmuszają trzustkę do wydzielania większych ilości insuliny, co znowu czyni je coraz bardziej opornymi na działanie tego hormonu. W sytuacji kiedy komórki docelowe nie reagują na sygnał przekazywany przez insulinę, stężenie glukozy nie ulega obniżeniu. W konsekwencji trzustka wydziela jeszcze większe ilości tego hormonu, co z czasem skutkuje przerostem i obumieraniem komórek beta trzustki. Przypomina to jedno wielkie błędne koło prowadzące do hiperglikemii i cukrzycy.

Insulinooporność bardzo często przebiega bezobjawowo, ale zawsze ma negatywny wpływ na organizm. Podczas tego zaburzenia najczęściej jednak obserwuje się:

- zmęczenie i senność, zwłaszcza po posiłku
- ochotę na słodycze, zwłaszcza po głównych posiłkach
- problemy z koncentracją
- bóle głowy
- podwyższone ciśnienie tętnicze krwi
- podwyższone stężenie trójglicerydów
- wzrost masy ciała, szczególnie w obrębie jamy brzusznej, trudności z odchudzaniem
- niespokojny, krótki sen
- podwyższone stężenie glukozy we krwi.

W przebiegu insulinooporności często dochodzi również do hipoglikemii, czyli gwałtownego spadku stężenia glukozy. Dzieje się tak na skutek niewspółmiernego wydzielania dużej ilości insuliny w stosunku do stężenie glukozy we krwi. W następstwie dochodzi do wzrostu adrenaliny, której zadaniem jest wzrost glukozy. Objawia się to silnym niepokojem, zmęczeniem, zimnymi potami, rozdrażnieniem, brakiem koncentracji oraz, w wielu przypadkach, silnym głodem. W tabeli przedstawione są reakcje organizmu w zależności od stężenia glukozy.

Tabela: Glikemia i reakcja organizmu.

Poziom glukozy we krwi [mg/dl]	Reakcja
>140	Glukoza w moczu
99	Wzrost wydzielania insuliny
83	Spadek wydzielania insuliny
68	Wzrost wydzielania glukagonu, adrenaliny i hormonu wzrostu
58	Wzrost wydzielania kortyzolu
50	Dezorientacja
31	Osłabienie, potliwość i mdłości
20	Utrata przytomności, skurcze mięśni
11	Trwałe uszkodzenie mózgu i śmierć

Należy również odróżniać insulinooporność od hiperinsulinemii. Hiperinsulinemia to nadmierny wyrzut insuliny, zwykle występujący po posiłku. Te dwa zaburzenia często idą ze sobą w parze. Hiperinsulinemia pomaga utrzymać przez jakiś czas poziom glukozy na prawidłowym poziomie, ale częste nadmierne wyrzuty insuliny zwiększają insulinooporność. Leczenie obu tych zaburzeń jest takie samo.

Epidemiologia insulinooporności

Obniżenie wrażliwości na insulinę występuje wcześniej niż 10 lat przed rozwinięciem się pełnoobjawowej cukrzycy. Niezależnie, czy jest wynikiem otyłości, czy też otyłość i insulinooporność z niej wynikająca są rezultatem nadmiernego działania insuliny spowodowanego czynnikami środowiskowymi i genetycznymi.

Dane WHO mówią, że obecnie na cukrzycę typu 2 choruje 200 milionów ludzi, a do roku 2030 liczba ta może ulec podwojeniu. Prognozy WHO wskazują, że do tego roku również w Polsce na cukrzycę zapadnie 1,5 miliona osób. Obecnie śmiertelność na skutek powikłań cukrzycy sięga już 5% wszystkich zgonów na świecie. W Polsce obecnie liczba osób chorujących na cukrzycę wynosi około 2 230 000, a 90% wszystkich przypadków stanowi cukrzyca typu 2. Jednocześnie szacuje się, że około 850 tys. osób nie jest świadomych istnienia u siebie tej choroby.

Insulinooporność występuje w Polsce na poziomie 40% w grupie wiekowej 35–79 lat, a odsetek ten gwałtownie wzrasta jako odrębne i współistniejące schorzenie. Brak jest badań oceniających częstość występowania insulinooporności u dzieci, ale według badań kanadyjskich zaburzenie to występuje u 11,5% w populacji pediatrycznej zaś badania na dużej populacji chińskiej wskazywały występowanie oporności na insulinę u 44,3% otyłych dzieci i u 61,6% z zespołem metabolicznym. Ocena występowania insulinooporności powinna być rekomendowana do włączenia w panel rutynowych badań diagnostycznych.

Przyczyny rozwoju insulinooporności

Obecnie mówi się o dwóch najważniejszych przyczynach rozwoju insulinooporności – gromadzeniu się lipidów w komórkach mięśni i wątroby oraz ich kumulacji w komórkach tłuszczowych i rozwijającym się na skutek tego stanem zapalnym spowodowanym przerostem tkanki tłuszczowej. Insulinooporność bezspornie jest głównym czynnikiem rozwoju cukrzycy typu 2. Wszystkie choroby metaboliczne mogą być również powiązane ze stopniową utratą wrażliwości tkanek wątroby, mięśni szkieletowych i tkanki tłuszczowej na insulinę.

Mechanizm rozwoju insulinooporności jest trudny i złożony, ale warto go poznać, aby lepiej zrozumieć tę chorobę. Wyróżnia się insulinooporność:

a. Przedreceptorową, która związana jest z obecnością w surowicy krwi przeciwciał wiążących cząsteczki insuliny lub z nieprawidłową budową insuliny, zwiększoną jej degradacją lub obecnością hormonów, które działają wobec niej antagonistycznie (np. kortyzol, hormony tarczycy).
b. Receptorową, na skutek mutacji powodujących zmiany struktury lub czynności receptorów insulinowych, zmniejszenie ich liczby oraz powinowactwa do insuliny.
c. Postreceptorową na skutek zaburzeń w procesach sygnalizujących przyłączenie insuliny do receptora, nasilonej lipolizy i zahamowania glikolizy oraz nieprawidłowości w budowie i działaniu transporterów glukozy do wnętrza komórki.

Insulinooporność powoduje spadek zdolności tkanek docelowych do pobierania i wykorzystania glukozy oraz wywołuje inne procesy, które skutkują uwalnianiem insuliny przez trzustkę i powstaniem niebezpiecznej hiperinsulinemii (za wysokiego poziomu insuliny), prowadzącej do nieodwracalnych zmian w budowie i funkcji komórek. Hiperglikemia (podwyższony poziom cukru we krwi) osłabia również system antyoksydacyjny komórek, zwiększając ryzyko rozwoju stanu zapalnego i chorób przewlekłych.

W rozwoju insulinooporności pełnią rolę wolne kwasy tłuszczowe (FFA – ang. *free fatty acid*), których stężenie w tkankach obwodowych jest wyższe u osób z nadmierną masą ciała.

Cały proces biochemiczny związany z insulinoopornością jest niezmiernie skomplikowany, ale dla nas ważne jest, że prowadzi do zmniejszenia wrażliwości komórek trzustki i zahamowania wydzielania insuliny, a to szybko niesie za sobą rozwój pełnoobjawowej cukrzycy.

Jedna z teorii powstawania insulinooporności, to przeładowanie lipidami, kiedy na skutek zwyżki substancji odżywczych dochodzi do nadmiernego zwiększenia tempa metabolizmu komórkowego. Nie bez znaczenia pozostaje również w rozwoju insulinooporności udział hormonów. Przede wszystkim leptyna, wytwarzana w tkance tłuszczowej, ale również w łożysku, mózgu, żołądku i gruczołach piersiowych, a odpowiadająca za pobieranie pokarmu poprzez regulację głodu i sytości. Akumulacja tłuszczu w komórkach tłuszczowych powoduje wzrost wydzielania leptyny, oporność na insulinę, a w dalszej konsekwencji uwalnianie wolnych kwasów tłuszczowych do krwi, ich transport do wątroby, wytwarzanie cholesterolu i trójglicerydów, a w końcu hipertrójglicerydemię i hipercholesterolemię, które to stany są przyczyną chorób układu krążenia. Z powstawaniem insulinooporności dodatnio koreluje inny hormon związany z otyłością – rezystyna, której przewlekłe wysokie stężenie na skutek wydzielania w tkance tłuszczowej prowadzi do hiperglikemii na czczo oraz nietolerancji glukozy. O udział w powstawaniu insulinooporności podejrzewa się również inne hormony charakterystyczne dla otyłości. Pobudzające łaknienie, przyspieszające opróżnianie żołądka, wywołujące wzrost glukozy i insuliny we krwi i... powodujące przybieranie masy ciała. Jednym słowem – błędne koło!

Insulinooporności sprzyjają zarówno czynniki środowiskowe, jak i predyspozycje genetyczne. Otyłość powoduje nadmierne wydzielanie insuliny, a po utracie zdolności komórek trzustki do wyrównania tego zaburzenia rozwija się hiperglikemia.

Do innych czynników środowiskowych, na które zwraca się większą uwagę, należy palenie papierosów, spożywanie alkoholu oraz nadmierny stres. Obecnie spekuluje się również o wpływie zanieczyszczenia ftalanami z powietrza i kurzu na zwiększenie ryzyka rozwoju insulinooporności. Ftalany (sole i estry kwasu ftalowego) wykorzystywane są w przemyśle do produkcji plastiku, farb, lakierów, woreczków plastikowych, zabawek i opakowań do kremów.

Warto jeszcze omówić wpływ wieku oraz hormonów płciowych na insulinowrażliwość. Stężenie adiponektyny (hormonu wydzielanego przez komórki tłuszczowe), która zwiększa wrażliwość na insulinę, jest wyższe u kobiet niż u mężczyzn. Odwrotną zależność obserwuje się natomiast w pierwszych dwóch latach życia. Stężenie adiponektyny obniża się wraz z wiekiem. Odpowiedzialne są za to hormony wzrostu i hormony płciowe, a spadek ten jest wyraźny szczególnie u chłopców w okresie dojrzewana. Wygasanie czynności hormonalnej jajników po 50. roku życia i spadek stężenia estrogenów powodują, że w badaniach nie wykazuje się wyższej częstotliwości występowania insulinooporności u starszych kobiet w stosunku do mężczyzn. Przeciwnie natomiast jest w młodszych grupach wiekowych. Stosowanie hormonalnej terapii zastępczej powoduje zmniejszenie stężenia glukozy i insuliny na czczo u kobiet zdrowych oraz poprawę glikemii u chorujących na cukrzycę. U mężczyzn za to wykazuje się, że stosunek testosteronu do estradiolu koreluje dodatnio z tym zaburzeniem niezależnie od wieku i stopnia otyłości. Wysoki poziom androgenów jest w tym przypadku bardzo korzystny, ponieważ wpływa na zmniejszenie stężenia hormonu adiponektyny, który zwiększa wrażliwość na insulinę.

Insulinooporność dotyka również dzieci, epidemia otyłości jest coraz bardziej widoczna również w tej grupie wiekowej. Obecnie odsetek dzieci z nadmierną masą ciała szacuje się na około 23%. U około 46–52% dzieci z BMI (ang. *Body Mass Index* – wskaźnik masy ciała) powyżej 95 percentyla występuje insulinooporność. Przy BMI 85–95 percentyla występowanie tego problemu szacuje się u 11–16%, zaś poniżej 85 percentyla u 4% dzieci. Oprócz czynników genetycznych w rozwoju insulinooporności rolę odgrywają przede wszystkim czynniki środowiskowe – niewłaściwa dieta i mała aktywność fizyczna.

Do najczęstszych błędów żywieniowych zalicza się: nieregularne posiłki, niejedzenie śniadań, spożywanie białego pieczywa, przetworzonych, słodzonych płatków śniadaniowych i pieczywa cukierniczego, deserów mlecznych i tłustych przetworów mlecznych, zbyt dużych ilości mięsa, słodyczy oraz dań fast food i napojów gazowanych. Najważniejsza grupa żywności w Piramidzie Zdrowego Żywienia, a więc stanowiąca jej podstawę, to warzywa i owoce. Zarówno dorośli, jak i dzieci powinni zjadać co najmniej 5 porcji owoców i warzyw w ciągu dnia, czyli minimum 400 g dziennie, w tym 300 g warzyw i 100 g owoców. Najnowsze badania naukowe sugerują, że należy je jadać częściej – nawet 7–10 razy dziennie. Owoce i warzywa to źródło wielu cennych dla zdrowia fitozwiązków i błonnika pokarmowego. Udowodniono, że regularne jedzenie, zwłaszcza świeżych, warzyw i owoców, w istotny sposób wpływa na mniejszą zachorowalność i umieralność na choroby układu krążenia, cukrzycę i nowotwory oraz wydłuża długość życia człowieka. Im większe urozmaicenie owoców i warzyw w codziennej diecie, tym lepiej. Najkorzystniejsze dla zdrowia są warzywa i owoce świeże. Połowę spożywanych warzyw powinny stanowić zielone warzywa liściaste.

Tymczasem dane z różnych ośrodków badawczych wskazują, że warzyw i owoców jemy ciągle za mało i zbyt rzadko. Problem ten dotyczy zarówno dzieci, jak i dorosłych. Na podstawie danych Głównego Urzędu Statystycznego z roku 2013 oszacowano, że przeciętny Polak spożywał dziennie ok. 280 g owoców i warzyw (bez ziemniaków). W Polsce spożycie owoców i warzyw przez dzieci i młodzież jest więc niewystarczające i niestety zmniejsza się wraz z wiekiem. Wiele dzieci i młodzieży nie spożywa owoców i warzyw codziennie. W szkołach gimnazjalnych zjawisko to dotyczy ponad 60% chłopców i ponad 50% dziewcząt, przy czym wyższe odsetki odnotowuje się w przypadku niespożywania codziennie warzyw. Obserwowane są też różnice w zależności od płci – chłopcy rzadziej niż dziewczęta sięgają po tę grupę produktów.

W celu prewencji rozwoju nadmiernej masy ciała i insulinooporności prowadzi się szereg działań edukacyjnych, ale najważniejsze jest wcielenie zaleceń do diety dziecka przez rodziców i konsekwentnie prowadzone zdrowe żywienie oraz regularna aktywność fizyczna.

Na ryzyko rozwoju insulinooporności wpływa również urodzeniowa masa ciała. Zarówno zbyt duża, jak i zbyt mała masa ciała dziecka po urodzeniu może przyczynić się do wystąpienia stanów patologicznych w późniejszym wieku. Zaburzenia rozwoju wewnątrzmacicznego spowodowane niedożywieniem prowadzą do insulinooporności, niedorozwoju wysp trzustkowych i zaburzeń metabolicznych. U takich dzieci w pierwszych dwóch latach życia bardzo szybko wzrasta ilość tkanki tłuszczowej. Szczególnie intensywny wzrost tkanki tłuszczowej w pierwszych trzech miesiącach życia predysponuje do późniejszego rozwoju metabolizmu glukozy. Dlatego tak ważna jest edukacja żywieniowa kobiet w ciąży, matek karmiących i osób odpowiedzialnych za żywienie tak małych dzieci. Mimo że nie ma danych potwierdzających związek karmienia piersią z zapobieganiem insulinooporności u dzieci, według WHO w celu zapobiegania otyłości zaleca się wyłączne karmienie piersią do szóstego miesiąca życia.

Insulinooporność występuje fizjologicznie w okresie dojrzewania płciowego, ale jest to również stan patologiczny, który predysponuje do występowania nietolerancji glukozy, cukrzycy, nadciśnienia tętniczego krwi oraz zespołu policystycznych jajników u dziewczynek. Normy insulinooporności u dzieci nie zostały ustalone do tej pory, co wynika z faktu, że wrażliwość tkanek na insulinę zmienia się w różnych etapach dojrzewania. W okresie pokwitaniowym występuje przemijająca insulinooporność i wzrost stężenia insuliny. Jest to stan fizjologiczny, który mija po okresie dojrzewania i występuje niezależnie od masy ciała. W następnym okresie dojrzewania poziom insulinooporności powoli wzrasta, osiąga swój szczyt, a następnie powoli spada, wracając do poziomu sprzed pokwitania.

Ocena stopnia insulinooporności u dzieci i młodzieży z nadmierną masą ciała nie jest łatwa, ponieważ zmienia się ona w zależności od okresu pokwitania. Powikłania otyłości pojawiają się u dzieci z nadmierną masą ciała już w okresie przedpokwitaniowym i korelują z ilością adipocytokin. Na początku dojrzewania płciowego zmniejszeniu ulega ochronny wpływ adiponektyny na rozwój insulinooporności. Hormon ten zwiększa insulinowrażliwość i poprawia profil lipidowy. U chłopców obserwuje się większy spadek stężenia adiponektyny wraz z zaawansowaniem okresu dojrzewania.

W grupie badanych w Centrum Zdrowia Dziecka dzieci z nadmierną masą ciała w okresie przedpokwitaniowym, we wczesnym etapie dojrzewania i w zaawansowanym pokwitaniu, ciężka insulinooporność występowała odpowiednio u 72%, 58% oraz 77% badanych. Niestety około 36% dzieci ze wszystkich badanych grup miało również wysoki wskaźnik aterogenności [TG/ HDL – stężenie trójglicerydów (TG) w stosunku do gęstości lipoprotein (HDL)], który wskazuje na wysokie ryzyko miażdżycy. Modyfikacja stylu życia, czyli prawidłowa dieta i zwiększona, regularna aktywność fizyczna powoduje wzrost stężenia adiponektyny u dzieci nawet bez znaczącego spadku masy ciała.

Pomimo dostępności coraz to większej ilości badań klinicznych brak jest obiektywnych metod oceny insulinooporności. Klinicznym wyznacznikiem poprawy są parametry takie jak poziom glikemii, trójglicerydów, cholesterolu HDL i ciśnienie tętnicze krwi.

Brak jest również standardów postępowania przy insulinooporności w wieku rozwojowym. Aktualne zalecenia oparte są przede wszystkim na uzgodnieniach grupy ekspertów z diabetologii i endokrynologii dziecięcej. Leczenie powinno być oparte o dietę redukcyjną, zaś u dzieci poniżej siódmego roku życia jedynie o zmianę nawyków żywieniowych.

Insulinooporność dzieli się również na ciężkie postaci związane z defektem receptora dla insuliny.
Insulinooporność typu A:

- Dotyczy kobiet w młodym wieku.
- Powoduje takie objawy jak: hiperandrogenizm jajników, zespół policystycznych jajników, hirsutyzm.
- Skutkuje zaburzeniami cyklu miesiączkowego i płodności, rogowaceniem i ciemnieniem skóry oraz trądzikiem.
- Wykładnikami biochemicznymi są ciężka insulinooporność, cukrzyca i podwyższone stężenie trójglicerydów.
- Mechanizmem molekularnym jest mutacja genu INSR kodującego receptor insuliny i możliwe są zaburzenia w działaniu insuliny na komórki docelowe.

Zespół Rabsona-Mendenhalla:

- Objawy podobne do tych występujących w insulinooporności typu A.
- Zaburzenia rozwoju fizycznego, dysformiczne cechy twarzy (duże uszy, charakterystyczny kształt ust), zmiany w uzębieniu, opóźnione

wzrastanie, nadmierne owłosienie ciała, zgrubienie i rogowacenie skóry, torbiele jajników, szybsze dojrzewanie płciowe.

- Może powodować przerost przysadki, nieprawidłowości w budowie i funkcjonowaniu nerek, postępującą kwasicę ketonową, zaburzenia wydzielania melatoniny, podwyższony poziom enzymów wątrobowych.
- Mechanizmem molekularnym są mutacje w genie INSR kodującym receptor insuliny, możliwe są zaburzenia w działaniu insuliny na komórki docelowe.

Zespół Donohue'a:

- Zaburzenia rozwoju wewnątrzmacicznego.
- Objawia się niską masą urodzeniową, opóźnionym rozwojem w okresie pozamacicznym, przerostem mięśnia sercowego, wątroby, śledziony i jajników, upośledzeniem umysłowym, nadmiernym owłosieniem ciała, zanikiem tkanki tłuszczowej, powiększeniem męskich narządów płciowych i często skutkuje śmiercią we wczesnych latach życia.
- Jest to najcięższa postać insulinooporności, występuje w niej hiperinsulinemia, hiperglikemia, ale bez kwasicy ketonowej.
- Mechanizmem molekularnym również w tym przypadku są mutacje w genie INSR kodującym receptor insuliny. Niewykluczone są również mutacje w innych genach receptorów dla czynników wzrostu.

Insulinooporność bardzo często występuje w towarzystwie chorób metabolicznych i endokrynologicznych:

- W hiperkortyzolemii mamy do czynienia z postreceptorowym charakterem insulinooporności. Zaburzenie to objawia się otyłością, nadciśnieniem tętniczym krwi, zaburzeniem czynności gonad, nadmiernym owłosieniem i zaburzeniami psychiatrycznymi. Nawet 90% chorych ma nieprawidłową nietolerancję glukozy, cukrzycę i zaburzenia gospodarki lipidowej. Wzrost stężenia glikokortykosteroidów powoduje wzrost glukoneogenezy.

- Zaburzenia gospodarki węglowodanowej obserwuje się również w chorobach tarczycy, przebiegających z jawną niedoczynnością lub nadczynnością. Nasilenie zaburzeń gospodarki węglowodanowej jest proporcjonalne do zaburzeń czynności tarczycy. Hormony tarczycy wywierają kluczowy wpływ na metabolizm glukozy i rozwój insulinooporności. Mechanizm rozwoju tego zaburzenia w przebiegu niedoczynności tarczycy wiąże się ze zmniejszonym przepływem krwi w tkankach obwodowych oraz uszkodzeniem transportera glukozy na błonie plazmatycznej.
  W przebiegu nadczynności tarczycy mechanizm zaburzenia gospodarki węglowodanowej nie jest do końca poznany, ale występuje u 50% chorych. Hormony tarczycy zwiększają wchłanianie glukozy z przewodu pokarmowego oraz powodują wzrost glukoneogenezy i glikogenolizy w wątrobie. Oba te procesy powodują hiperglikemię poposiłkową, nietolerancję glukozy, zaburzenia wydzielania insuliny i obniżenie obwodowej wrażliwości na insulinę. Nadczynność tarczycy zwiększa zapotrzebowanie na insulinę, co prowadzi do zwiększenia przemian metabolicznych. Hormony tarczycy działają również lipolitycznie, czyli zwiększają poziom wolnych kwasów tłuszczowych i przyspieszają rozpad insuliny. W tym przypadku mamy do czynienia zarówno z obniżeniem wrażliwości tkanek na insulinę, jak i zmniejszonym jej wytwarzaniem.
- Również wysokie stężenie parathormonu w przebiegu nadczynności przytarczyc, kiedy dochodzi do hiperkalcemii, czyli wysokiego poziomu wapnia we krwi, może sprzyjać rozwojowi insulinooporności, hiperinsulinemii i zmniejszeniu liczby receptorów insulinowych. Całe szczęście, szybkie leczenie operacyjne powoduje ustabilizowanie gospodarki węglowodanowej.
- Nieprawidłowa dieta oraz brak aktywności fizycznej skutkują rozwojem nadwagi, otyłości oraz zespołu metabolicznego, na który składają się również nadciśnienie tętnicze krwi, zaburzenia gospodarki węglowodanowej oraz lipidowej. Wywołana tymi czynnikami insulinooporność spowodowana jest zmniejszonym zużyciem

glukozy przez komórki, co powoduje nasilenie glukoneogenezy, hiperglikemii i kompensacyjną hiperinsulinemię.

- Zespół policystycznych jajników to zaburzenie występujące u ponad 5% kobiet, a nawet u połowy z nich występują insulinooporność i hiperinsulinemia, do której przyczynia się również współistniejąca otyłość.
- Insulinooporność występuje również w akromegalii, hiperprolaktynemii oraz w przypadku obecności guza chromochłonnego (nadnercza), VIPomy (guz neuroendokrynny trzustki) oraz glukagonomy (wydzielanie glukagonu z komórek nowotworowych).
- Insulinooporność sprzyja rozwojowi utajonej cukrzycy autoimmunologicznej dorosłych LADA (ang. *Latent Autoimmune Diabetes of Adults*), niealkoholowemu stłuszczeniu wątroby, procesom zapalnym i chorobom układu sercowo-naczyniowego.

Stale rozwijająca się, nieleczona insulinooporność, pogarsza wrażliwość tkanek obwodowych odpowiedzialnych za magazynowanie i metabolizowanie glukozy, co prowadzi do hiperglikemii, a następnie pełnoobjawowej cukrzycy. W tym przypadku również szybko dochodzi do powikłań naczyniowych i neurologicznych.

Następstwem klinicznym insulinooporności może być zespół metaboliczny, cukrzyca typu 2, choroby układu krążenia, niealkoholowe stłuszczenie wątroby, zespół policystycznych jajników oraz obturacyjny bezdech senny.

Osoby szczupłe a insulinooporność

Insulinooporność występuje nie tylko wśród osób otyłych. Opisuje się zjawisko tkankowej oporności na insulinę współistniejącą z prawidłową masą ciała oraz prawidłową ilością i rozkładem tkanki tłuszczowej. W takim przypadku za rozwój insulinooporności odpowiedzialna jest również genetyka. Główną rolę w rozwoju tego zaburzenia przypisuje się genom odpowiedzialnym za funkcje receptora insulinowego białek biorących udział w przenoszeniu sygnału i odpowiedzialnych za produkcję adipokin (aktywne biologicznie substancje, wytwarzane i wydzielane przez komórki tkanki tłuszczowej). Również czynniki prozapalne mogą indukować insulinooporność, niezależnie od masy ciała i rozłożenia tkanki tłuszczowej (tkanka tłuszczowa trzewna). Istnieje również zjawisko odkryte w 1981 roku – otyłości metabolicznej u osób z prawidłową masą ciała. Przyczyną występowania takiego zaburzenia i zmniejszonej wrażliwości tkanek na insulinę jest tendencja do zwiększonej kumulacji tkanki tłuszczowej w obrębie jamy brzusznej, mimo prawidłowej masy ciała i wskaźników antropometrycznych. Tkanka tłuszczowa gromadzona w okolicy brzusznej uwalnia czynniki prozapalne i zaburza szlaki sygnałowe dla insuliny. Diagnoza przewlekłego stanu zapalnego na podstawie zwiększonych stężeń wskaźników zapalenia jeszcze przed rozwojem insulinooporności może mieć duże znaczenie w określeniu ryzyka rozwoju choroby u osób młodych z prawidłową masą ciała.

Występowanie insulinooporności niezależnej od masy ciała dotyczy również osób borykających się z chorobami zakaźnymi, autoimmunologicznymi i schorzeniami nerek, przy których również obserwuje się występowanie stanu zapalnego. Niemałe znaczenie odgrywa tu również nieprawidłowa dieta – wysokotłuszczowa, bogata w cukier, uboga w błonnik pokarmowy, duży udział w diecie mięsa oraz spożywanie alkoholu. Do czynników ryzyka występowania insulinooporności u osób szczupłych należą: niska masa urodzeniowa, niedobór masy ciała w pierwszym roku życia oraz zaburzenia hormonalne.

Diagnostyka insulinooporności

Insulinooporność wyprzedza pełnoobjawową cukrzycę o ładnych parę lat, ale jest trudna do zdiagnozowania, a metoda będąca złotym standardem – klamra hiperinsulinemiczna normoglikemiczna (polegająca na oznaczeniu ilości glukozy, jaka musi być podana, aby utrzymać stałą wartość glikemii podczas 120-minutowego podawaniu insuliny), stosowana w celu pomiaru odpowiedzi tkanek na insulinę – ze względów praktycznych nie jest stosowana jako badanie przesiewowe. Wszystkie metody oceny wrażliwości tkanek obwodowych na insulinę polegają na analizie stężenia glukozy i insuliny w warunkach podstawowych oraz w warunkach kiedy podawana jest jednorazowo lub stale glukoza i/lub insulina.

Obecnie zalecana przez Polskie Towarzystwo Diabetologiczne diagnostyka obejmuje **test doustnego obciążenia glukozą** (OGTT – ang. *oral glucose tolerance test*). Badanie to polega na podaniu 75 g glukozy i ocenie szybkości i efektywności regulacji poziomu cukru przez insulinę.

Poziom glukozy po 1 godzinie:
>140 mg% (mg/dL) – wynik prawidłowy
140–200 mg% (mg/dL) – stan przedcukrzycowy
<200 mg% (mg/dL) – cukrzyca
Poziom glukozy po 2 godzinach:
>140 mg% (mg/dL) – wynik prawidłowy
140–199 mg% (mg/dL) – nietolerancja glukozy
<200 mg% (mg/dL) – cukrzyca

Jak przygotować się do testu:

1. Nie stosować specjalnej diety, np. niskowęglowodanowej, i nie spożywać alkoholu oraz napojów z kofeiną trzy dni przed badaniem.
2. Nie przyjmować leków na insulinooporność i niedoczynność tarczycy przez 3–7 dni przed badaniem.
3. Badanie wykonuje się na czczo, nie należy nawet żuć gumy.
4. Nie zaleca się wykonania badania w czasie choroby i przyjmowania antybiotyków.
5. Ograniczyć aktywność fizyczną, a w czasie samego badania spokojnie siedzieć.
6. Nie rozcieńczać glukozy ani sokiem z cytryny, ani wodą.

Zaleca się również wykonanie **testu tolerancji insuliny** (ITT – ang. *insulin tolerance test*), który polega na jednorazowym dożylnym podaniu insuliny w dawce 0,1 j/kg mc. W przypadku pogorszonej wrażliwości na insulinę następuje jedynie nieznaczne obniżenie poziomu glukozy we krwi.

Krzywa insulinowa. Obecnie w wytycznych Polskiego Towarzystwa Diabetologicznego z 2018 roku nie ma zaleceń badania krzywej insulinowej. Jednak okazuje się ono jednym z najlepszych testów diagnostycznych insulinooporności.

Prawidłowe wyniki stężenia insuliny powinny wynosić:

- na czczo do 10 µIU/ml,
- po 1 godz. do 50 µIU/ml,
- po 2 godz. do 30 µIU/ml,
- a po 3 godz. do 10 µIU/ml.

Według polskiej literatury wartości insuliny pozostają zależne od BMI i mieszczą się w następujących zakresach:

Norma insuliny we krwi zależnie od BMI

BMI <25: insulina na czczo 2,0–12,0, po 2 godz. 5,0–60,0 mU/ml

BMI 25–30: insulina na czczo 3,0–15,0, po 2 godz. 0,6–91,0 mU/ml

BMI >30: insulina na czczo 4,0–22,0, po 2 godz. 12,0–114,0 mU/ml

Metody bezpośrednie:

1. Metoda klamry metabolicznej – uważana za złoty standard w diagnostyce insulinooporności – polega na oznaczeniu ilości glukozy, jaka musi być podana, aby utrzymać stałą wartość glikemii podczas 120-minutowego podawaniu insuliny. Test polega na zmiennym podawaniu wlewu dożylnego 20% glukozy oraz stałym wlewie insuliny, tak aby utrzymać normoglikemię (fizjologiczne stężenie we krwi). Co 5 minut dokonuje się pomiaru glikemii oraz oceny zmian w dawce glukozy niezbędnej do utrzymania glikemii na tym samym poziomie w stosunku do stałych ilości dawek insuliny. Wielkość wychwytu glukozy w jednostce czasu określa się wartością M (mg/kg/min albo mmol/kg/min). Test ten jest bardzo dokładny, ale ze względu na stopień skomplikowa-

nia stosuje się go obecnie jedynie w badaniach naukowych i specjalistycznych ośrodkach.

2. Test tolerancji insuliny – wskaźnik do oceny wrażliwości na insulinę na podstawie reakcji na podaną insulinę. Test ten niesie jednak ze sobą ryzyko hipoglikemii, dlatego stosowany jest jedynie we wstępnym rozpoznaniu zaburzenia. Wynik może być zaburzony przy współistniejących schorzeniach związanych z wydzielaniem antagonistycznie działających hormonów.
3. Test supresji insuliny endogennej – polega na blokowaniu wydzielania insuliny poprzez podawanie adrenaliny i propranololu. W badaniu tym podawane są dożylnie ze stałą prędkością równocześnie glukoza i insulina przez około 180 minut. Wynik w tym teście określany jest na podstawie stężenia glukozy oznaczonego w ciągu ostatniej godziny badania. Im wyższa wartość glukozy, tym większa jest oporność na insulinę.

Wynik tego badania może być niejednoznaczny przy nadmiernym wydalaniu glukozy z moczem, a w celu uniknięcia zaburzeń rytmu serca podczas jego przeprowadzania i zwiększenia wiarygodności wyników wskazane jest zastosowanie somatostatyny, która ograniczy wydzielanie wewnętrznej insuliny.

Metody pośrednie:

1. Współczynnik insulinemia/glikemia – stanowi iloraz stężenia insuliny (mj./l) i glukozy we krwi (mg/dl). Można go zastosować w warunkach podstawowych oraz podczas doustnego testu obciążenia glukozy.
   Rozpoznanie insulinooporności – wynik >0,3.
   Metoda ta uważana jest jednak za mało precyzyjną i nie uwzględnia zaburzeń endogennego wydzielania insuliny.
2. Wskaźnik HOMA-IR (Homeostasis Model Assesment – ocena modelu homeostazy) obliczany według wzoru:
   R = insulinemia na czczo (mU/ml) × glikiemia na czczo (mmol/l)/22,5
   Rozpoznanie insulinooporności – wynik R >2 (według niektórej literatury nawet 0,91 +/– 0,38)
   Obecnie jest to najbardziej popularny wskaźnik, którym posługują się pacjenci, samodzielnie diagnozując insulinooporność, co jest bardzo

dużym błędem. Nie zawsze wynik testu HOMA odpowiada realnej insulinooporności, zwłaszcza np. u osób starszych, otyłych albo wykazujących tzw. upośledzoną tolerancję glukozy (IGT – ang. *Impaired Glucose Tolerance*). Badanie powinno się przeprowadzać na podstawie kilku pomiarów, z których wyciąga się wartość średnią. Dlatego trudno byłoby interpretować wyniki tego testu – chyba że zostaną określone szczegółowe wytyczne co do jego wykonywania.
W populacji pediatrycznej wartości wskaźnika są wyższe, szczególnie w okresie dojrzewania. Wynosi on przed okresem pokwitania 2,67 u chłopców i 2,22 u dziewczynek, zaś w okresie pokwitania 5,22 u chłopców i 3,82 u dziewczynek.

3. Wskaźnik QUICKI (ang. *Quantitative Insulin Sensityvity Check Index* – ilościowy wskaźnik kontroli wrażliwości na insulinę) obliczany według wzoru:
   1/ (log insulinemii na czczo (mcgU/ml) + log glikemii na czczo (mmol/l)
   Rozpoznanie insulinooporności – wynik < 0,34
4. Wskaźnik Matsudy obliczany według wzoru:
   100 000 /÷insulinemia na czczo (mU/ml) × glikemia na czczo (mg/dl) × średnia wartość glikemii w doustnym obciążeniu glukozą (OGGT – ang: *oral glucose tolerance test*) × średnia wartość insulinemii w OGGT
   Rozpoznanie insulinooporności – wynik < 7,3
5. Dożylny test tolerancji glukozy ma na celu określenie współczynnika tkankowej asymilacji glukozy K, będącego odsetkiem glukozy, która w czasie 1 minuty znika z przestrzeni pozakomórkowej. Test polega na podaniu 0,33 g/kg glukozy w jednym, szybkim wlewie i mierzeniu stężenie glukozy przed rozpoczęciem badania oraz co 10 minut podczas pierwszej godziny po podaniu glukozy.
   Rozpoznanie insulinooporności – wynik < 1,5 przy jednoczesnym prawidłowym lub podwyższonym stężeniu insuliny.
6. Podwójny test dożylnego obciążenia glukozą polega na wyznaczeniu współczynnika asymilacji tkankowej K, ale podaje się dożylnie 0,33 g/kg glukozy oraz powtarza się podawanie tej samej dawki razem z insuliną (0,1 j./kg mc.). Różnica pomiędzy wartościami K mówi o działaniu insuliny egzogennej.

7. Metoda Bergmana polega natomiast na podawaniu glukozy dożylnie w dawce 0,3 g/kg mc. Następnie po 20 minutach podaje się dożylnie tolbutamid, którego dawkę dobiera się do masy ciała. W czasie trzech godzin testu wykonuje się 26 oznaczeń insulinemii i glikemii we krwi żylnej. Na tej podstawie oznacza się współczynnik wrażliwości tkanek na insulinę.

Obecnie nowoczesne laboratoria proponują również wykonanie badania stężenia proinsuliny, czyli prekursora insuliny.

Insulinooporność może występować również u osób z cukrzycą typu 1.

1. Stan ten nazywa się „podwójną cukrzycą". Przyczyną takiego zaburzenia jest nieprawidłowy mechanizm przenoszenia glukozy do wnętrza komórki, spowodowany defektem genetycznym. Inną przyczyną jest również zjawisko glukotoksyczności lub przeinsulinowania, wysoki wskaźnik masy ciała, wysokie stężenie trójglicerydów i niskie stężenie cholesterolu HDL. W tym przypadku diagnostyka jest bardzo trudna ze względu na brak zdolności trzustki do samodzielnej produkcji insuliny. Najlepszym testem jest klamra hiperinsulinemiczno-euglikemiczna. Prostszą metodą jest jednak metoda obserwacji dawki insuliny, którą przyjmuje się, aby utrzymać na niezmiennym poziomie względnie stabilne stężenie glukozy we krwi. Jeśli jest ono stale zwiększane, wskazuje to na stopniową utratę przez komórki wrażliwości na hormon.

W badaniach dodatkowych przy diagnostyce insulinooporności warto sprawdzić, czy nie występują zaburzenia flory bakteryjnej oraz wysoki kortyzol.

Leczenie insulinooporności

Leczenie insulinooporności nie jest łatwe. Zmiana stylu życia – zdrowa dieta i aktywność fizyczna wydaje się być najlepszym sposobem na pokonanie tego schorzenia. Badania pokazują, że redukcja masy ciała już o 7% chroni przed rozwojem cukrzycy znacznie lepiej niż farmakoterapia. Niestety bardzo często nie da się uniknąć stosowania farmakoterapii, a jej brak i duże wartości w wynikach badań nawet podczas stosowania diety i aktywności fizycznej nie dają rezultatów w postaci utraty masy ciała.

Bywa, że lekarz zaleci metforminę – lek zwiększający insulinowrażliwość komórek, wspomagający redukcję masy ciała oraz obniżenie stężenia trójglicerydów i cholesterolu całkowitego we krwi. Dopiero trwają prace nad stworzeniem leków mających za zadanie obniżenia stresu oksydacyjnego, a tym samym spowolnienie procesu niszczenia trzustki.

Od decyzji lekarza i dietetyka zależy potrzeba suplementacji w insulinooporności. Najczęściej zalecają oni witaminę D_3 (zwiększa wchłanianie wapnia, a jego niedobory mogą prowadzić do powstania insulinooporności obwodowej), kwas liponowy (pobudza utlenianie kwasów tłuszczowych, co zapobiega ich gromadzeniu, które zmniejsza wrażliwość komórek na działanie insuliny), taurynę (może zwiększać wrażliwość komórek na działanie insuliny), kwasy omega-3 (zwiększają wrażliwość komórek na insulinę, poprzez niedopuszczanie do zaburzeń w przekazywaniu sygnału z receptora insulinowego, spowodowanych przewlekłym stanem zapalnym), koenzym Q10, chrom (zmniejsza ochotę na słodycze, ale przed jego zastosowaniem należy sprawdzić zawartość chromu w organizmie), cynk (poprawia gospodarkę węglowodanową oraz insulinowrażliwość u osób otyłych).

Nie bez znaczenia jest również spożywanie probiotyków (wyselekcjonowane kultury bakteryjne), szczególnie w kontekście nadmiernej masy ciała. Dla przyspieszenia efektu działania probiotyku należy stosować 0,5–1h przed ich podaniem prebiotyki, które stwarzają dla nich naturalne środowisko. Źródłem prebiotyków jest skrobia oporna, siemię lniane, inulina oraz błonnik. Zaś najskuteczniejsze metabolicznie gatunki bakterii to Lactobacillus salivarius, Lacgtobacillus paracasei, Lactobacillus reuteri, Lactobacillus plantarum, Lactobacillus gaseri i Bifidobacterium lactis.

Należy pamiętać, że leki i suplementy – to decyzja lekarza bądź dietetyka. Ty decydujesz o zmianie stylu życia.

Zmiana stylu życia dotycząca żywienia i aktywności fizycznej nie jest łatwa. Samo słowo „dieta" już większość osób zniechęca, gdyż kojarzy się z dużymi restrykcjami i ma zwykle charakter krótkoterminowy. Jeżeli mamy na stałe zredukować masę ciała i skutecznie przeciwdziałać zaburzeniom gospodarki węglowodanowej, trzeba zmienić swój sposób myślenia o zdrowym żywieniu. Oczywiście, przykry jest fakt, że niektórzy mogą jeść to, na co mają ochotę, a osoba chora musi na wszystko uważać. Dodatkowo, w insulinooporności tkanka tłuszczowa odkłada się szczególnie w obrębie jamy brzusznej, trudniej ją zredukować i stanowi większe zagrożenie dla zdrowia. To rzeczywiście stresujące i irytujące. Dlatego warto zacząć od psychologicznych aspektów związanych z redukcją masy ciała.

Zmień swoje nastawienie

Kolejnym ważnym tematem do omówienia jest **jakość życia pacjenta.** W literaturze występuje bardzo wiele definicji tego zagadnienia. Według Hipokratesa życie szczęśliwe polegało na uzyskaniu wewnętrznej harmonii, równowagi. Epikur z kolei przyjął definicję subiektywnego poczucia szczęścia, hedonizmu, czyli stanu, w którym brak jest cierpienia, ale również nie ma w nim nadmiaru przyjemności. W roku 1972 Dalkey i Rourke uznali, że na jakość życia „składają się satysfakcja z życia i poczucie szczęścia".

Jakość życia tworzą m.in. takie komponenty jak poziom niezależności, środowisko zewnętrzne i warunki życia, samopoczucie psychiczne i fizyczne, kontakty społeczne, system przekonań i wartości, warunki życia, pozycja ekonomiczna czy życie duchowe. Opisując jakość życia, można odnieść się do całokształtu obiektywnych warunków lub też do subiektywnego dobrobytu, rozumianego jako doświadczenie jednostki. Na warunki obiektywne składają się: zdrowie, edukacja, relacje społeczne, bezpieczeństwo fizyczne i ekonomiczne czy czas wolny. Subiektywny dobrobyt to postrzeganie jakości życia, a więc satysfakcja pojawiająca się w związku z różnymi tego życia aspektami. W tym znaczeniu jakość życia może być postrzegana przez konkretną jednostkę jako pozytywna lub negatywna.

Zaburzenie, jakim jest insulinooporność, niesie wiele konsekwencji, zarówno zdrowotnych, jak i związanych właśnie z jakością życia pacjenta. Zaniedbywana insulinooporność może prowadzić do kolejnych schorzeń m.in. cukrzycy, otyłości, nadciśnienia tętniczego czy nowotworów.

Innym z następstw jest wystąpienie niepłodności u otyłych kobiet, co wpływa na jakość życia oraz ich zdrowie psychiczne – powoduje obniżenie samooceny pacjentek oraz zwiększa ryzyko depresji. Zarówno diagnozowanie, jak i leczenie niepłodności oddziałuje na sferę intymną oraz prywatną partnerów, ich system wartości lub dotychczas przyjęte normy moralne czy etyczne. W przypadku nieradzenia sobie z powstałymi trudnościami może dojść do izolacji, unikania kontaktów społecznych czy zaniku zaangażowania uczuciowego jednego lub obojga parterów w związku. Należy pamiętać, że niepłodność dotyka nie tylko kobiet, ale również mężczyzn.

Odpowiednia profilaktyka podczas insulinooporności jest niezwykle ważna. Pacjenci często zaniedbują swoje zdrowie, oraz nie przestrzegają zaleceń dietetyka bądź lekarza, czego konsekwencją może być pojawienie się cukrzycy typu 2. Coraz powszechniejsza staje się tendencja do spożywania posiłków gotowych, przetworzonych, typu fast food. Owe wysokokaloryczne posiłki oraz napoje przyczyniają się zaś do otyłości, która zwiększa ryzyko wystąpienia insulinooporności. Dzieci coraz częściej sugerują się reklamami telewizyjnymi, promującymi niezdrowe pożywienie oraz podążają za wyborami żywieniowymi dorosłych. Odbywa się to poprzez modelowanie, czyli naśladowanie zachowań (zazwyczaj rodzica), również tych żywieniowych. Wynikająca często z insulinooporności cukrzyca wiąże się z koniecznością przyjmowania przez wiele lat insuliny, co znacznie wpływa na stan pacjentów. Część cukrzyków rezygnuje z przyjmowania hormonu, co powoduje poważne konsekwencje zdrowotne i psychiczne. Wpływają one negatywnie na samopoczucie, stan fizyczny, a także kontakty międzyludzkie pacjentów. Niska jakość życia może również rzutować na spadek motywacji do działania i aktywności społecznej chorego, przyczyniając się do powstania depresji.

Z badań opublikowanych w roku 2017 wynika, że wśród 103 pacjentów chorujących na cukrzycę typu 2, połowa respondentów (50,5%) oceniła swoją jakość życia jako dobrą, 42,7% jako „ani dobrą, ani złą", a 5,8% jako złą. Należy pamiętać, że różnica między insulinoopornością a cukrzycą typu 2 jest znaczna, jednak warto wiedzieć, do czego może prowadzić zaniedbanie profilaktyki.

DEPRESJA

Depresja w insulinooporności najczęściej związana jest z występującą nadwagą lub otyłością. Nadmierna masa ciała powstaje w interakcji czynników genetycznych i środowiskowych. W dzisiejszych czasach, szczególnie młode dziewczęta, uważają, że aby być osobą wartościową, należy być piękną, oraz wręcz chudą. Wszystko związane jest ze stereotypami, według których osoby atrakcyjne są widziane jako bardziej życzliwe, inteligentne czy pracowite, a ludzie otyli jako leniwi, niepotrafiący zadbać o siebie, nieambitni. Osoby z insulinoopornością, u których występuje otyłość, bardzo często nie akceptują swoje wyglądu, wstydzą się go. Część pacjentów zamyka się w sobie, unika spotkań ze znajomymi, a także miejsc publicznych. Kontakty interpersonalne mogą być bowiem dla nich źródłem stresu.

Postrzeganie siebie oraz własnego ciała silnie związane jest z samooceną. Uważanie się za grubą lub grubego może wiązać się z poczuciem bezwartościowości. Negatywny stosunek do własnego ciała często powoduje obniżenie samooceny, a w konsekwencji – powstania depresji.

STRACH, POCZUCIE BEZRADNOŚCI

Świadomy pacjent, zmagający się z insulinoopornością, stara się nie dopuścić do sytuacji, w której rozwinie się u niego cukrzyca typu 2. W związku z tym starannie komponuje pełnowartościowe, odpowiednio zbilansowane posiłki, o prawidłowym indeksie glikemicznym. Często jednak osoby, które dowiadują się o występującym u nich zaburzeniu, nie wiedzą, w jaki sposób się odżywiać czy też, jakie podjąć czynności, aby nie zaniedbać swojego aktualnego stanu zdrowia. Pojawia się u nich strach czy też poczucie braku kompetencji lub bezradność. Jeżeli pacjent nie zna w swoim otoczeniu nikogo, kto również zmaga się z podobnym problemem, może czuć się zagubiony. W tym momencie odpowiedni specjalista lub rzetelne publikacje, takie jak ta, którą czytasz, pomogą mu zrozumieć wszystkie zachodzące w jego organizmie procesy związane z insulinoopornością oraz poznać najlepsze sposoby na poradzenie sobie z tym zaburzeniem.

STRES

W dzisiejszych czasach nie ma chyba osoby, która mogłaby powiedzieć, że stres jej nie dotyka. Żyjemy szybko, ciągle chcemy więcej. Codzienne kłopoty oraz nawet małe niepowodzenia powodują reakcję stresową organizmu. Jest ona opisywana jako podwyższone napięcie nerwowe, które pojawia się w odpowiedzi na negatywne bodźce psychiczne lub fizyczne.

Wyróżnić możemy cztery najbardziej typowe czynniki wywołujące stres, nazywane stresorami. Należą do nich:

- **ból** – w tym fizyczny, np. ból zęba, czy psychiczny, jakim jest przykładowo rozpacz,
- **sytuacje frustrujące** – gdy pojawiają się przeszkody uniemożliwiające realizację jakiegoś celu lub potrzeby,
- **sytuacje deprymujące** – gdy nie ma możliwości realizacji własnych potrzeb psychicznych, biologicznych czy kulturowych,
- **sytuacje zagrażające** – również o charakterze psychicznym, biologicznym czy społecznym.

Wszelkie choroby, jak również nieprawidłowości związane z problemami zdrowotnymi, mogą koncentrować w sobie wszystkie cztery stresory. Stres w insulinooporności może być związany przede wszystkim z obawami, że pacjent nie będzie w stanie realizować ustalonych dla niego zaleceń czy że brak odpowiedniej wiedzy przyczyni się do kolejnych negatywnych konsekwencji zdrowotnych. Aby poradzić sobie ze stresem, warto udać się do specjalisty, który pomoże zdiagnozować zaburzenie oraz wyjaśni, jakie kroki podjąć, aby sprostać insulinoopornością. Ta książka pomoże ci w edukacji żywieniowej i, jeśli ją czytasz, to znaczy, że postanowiłeś już zadbać o swoje zdrowie.

LĘK ZWIĄZANY Z FINANSAMI ORAZ ZAKUPAMI

Pewne przyczyny lęku mogą być związane z czynnikami ekonomicznymi. Według badań, w przypadku cukrzycy typu 1, największe koszty leczenia związane są z insulinoterapią (63%). W cukrzycy typu 2 do insulinoterapii (46% kosztów) dochodzą również doustne leki przeciwcukrzycowe. Podczas insulinooporności należy zadbać o swoją dietę, wybierając odpowiednie produkty, co często wiąże się z większymi kosztami. Dodatkowo, chorzy muszą regularnie udawać się do odpowiednich specjalistów, którzy pomogą im zmagać się z zaburzeniem. Zwiększa się również czas przeznaczony na zakupy. Pacjenci znacznie dłużej wybierają bowiem produkty, wczytując się w etykietę każdego potencjalnego zakupu spożywczego. Należy zrezygnować z produktów sprzyjających zaburzeniu, na rzecz tych, które wzmocnią organizm, nie powodując wzrostu ryzyka zachorowalności na cukrzycę. Wiąże się to przede wszystkim ze zmianą nawyków żywieniowych, do których część pacjentów jest bardzo silnie przywiązana.

OGRANICZENIA

Insulinooporność bardzo silnie związana jest z ograniczeniami. Dotyczą one pacjentów w każdym wieku. Już w dzieciństwie, kiedy jedno z dzieci nie może zjeść jakiegoś posiłku lub produktu, często bywa wytykane palcami. Wyróżnia się bowiem wśród innych, a koledzy nie rozumieją, że stan zdrowia nie pozwala mu na to samo, co im. Takie dziecko może czuć się ciągle obserwowane, poszkodowane czy nadmiernie kontrolowane przez dorosłych. Czasami nie rozumie, dlaczego rówieśnikom pozwala się na pewne czynności, których jemu się zabrania. Nastolatki również muszą zachować pewne ograniczenia. Są już jednak na tyle dojrzałe, że osoby trzecie nie muszą ich kontrolować. Sami wiedzą, że w przypadku wszelkich towarzyskich imprez z rówieśnikami muszą szczególną uwagę zwracać na to, co jedzą. Może to bardzo silnie rzutować na ich relacje interpersonalne czy też prowadzić do pojawienia się dyskomfortu oraz obniżenia nastroju.

SPADEK MOTYWACJI, NISKA SAMOOCENA

Część osób z insulinoopornością zmaga się z brakiem motywacji oraz niską samooceną. Jest to związane z faktem, że przy zbyt intensywnym wydzielaniu insuliny następuje zwolnienie procesów metabolicznych w organizmie. Nadmierna ilość jedzenia oraz spożywanie produktów o wysokim indeksie glikemicznym przyczyniają się do wzrostu poziomu glukozy we krwi oraz w konsekwencji – insuliny, która ma na celu unormowanie stężenia cukru. Ze względu na mniejszą wrażliwość komórek na działanie tego hormonu, w organizmie magazynuje się tłuszcz, sprzyjając nadwadze bądź następnie otyłości. Dodatkowo, insulinooporność wpływa na spadek stężenia frakcji HDL cholesterolu oraz wzrost stężenia trójglicerydów we krwi. Na skutek tego pacjenci często zmagają się z nadmierną masą ciała i mają problemy z jej normalizacją. Powrót do prawidłowej masy ciała zajmuje im więcej czasu niż osobom bez takich problemów zdrowotnych. Powoduje to brak pewności siebie czy wspomniany wcześniej spadek motywacji do pracy nad sobą. Ważne jest, aby taka osoba w momencie zdiagnozowania zaburzenia zaczerpnęła wiedzy z odpowiednich źródeł. Część informacji ogólnodostępnych może bowiem spowodować u pacjentów dodatkowe szkody, ze względu na zawarte w nich błędy bądź niedoprecyzowania. Każdy pacjent jest inny, stąd też dieta czy rodzaj aktywności fizycznej powinny być indywidualnie dopasowane. Warto udać się w tym celu do specjalisty, który dokładnie wyjaśni, jak postępować oraz jakie zmiany wprowadzić w życie, aby jego jakość oraz stan zdrowia pacjenta uległy poprawie.

Wszystkie wymienione konsekwencje związane z insulinoopornością pojawić się u pacjenta mogą, jednak wcale nie muszą. Każda jednostka jest inna. Niektóre osoby nie traktują problemu jako źródła stresu oraz potencjalnego niepowodzenia, lecz jako wyzwanie, któremu będą starały się sprostać.

W poniższej tabeli przedstawione są najczęstsze problemy oraz proste rozwiązania mające na celu ułatwić przestrzeganie zaleceń zdrowego trybu życia.

Problemy	Rozwiązanie
1. Nie mam czasu na przygotowywanie zdrowych posiłków	▪ Planowanie na przynajmniej 3 dni ▪ Szczegółowa lista zakupów ▪ Przygotowanie potraw w weekend i ich zamrażanie ▪ Planowanie prostych, ale urozmaiconych potraw ▪ Zawsze w domu powinny być: warzywa surowe, warzywa mrożone, ryż, fasola, przyprawy, makaron, kasza, owoce, płatki, chudy nabiał, jaja, ryba mrożona ▪ Jedzenie na mieście – zdrowa kanapka, zupa ▪ Dobry sprzęt do szybkiego gotowania
2. Nie potrafię zrezygnować ze słodyczy	▪ Słodycze dozwolone raz w tygodniu: czekolada gorzka, sorbety, galaretka, kisiele, owoce suszone, ciasto drożdżowe, biszkoptowe, jabłecznik ▪ Określenie dozwolonej porcji ▪ Słodycze jedynie na deser po obiedzie ▪ Nietrzymanie w domu słodyczy ▪ Mówienie otwarcie o niejedzeniu słodyczy, śmiałe odmawianie
3. Nie mam czasu żeby ćwiczyć	▪ Spaceruj przez 10 minut w czasie przerwy ▪ Ćwiczenia poranne – wstań wcześniej ▪ Zamiast jechać windą idź po schodach ▪ Wysiadaj na wcześniejszym przystanku ▪ Nie korzystaj ze skrótów ▪ Ćwicz przed telewizorem ▪ Znajdź towarzysza ćwiczeń ▪ Wybierz ulubioną aktywność fizyczną ▪ Zwiększaj czas ćwiczeń ▪ Zadbaj o urozmaicenie ▪ Podczas ćwiczeń słuchaj ulubionej muzyki ▪ Myśl o wspaniałych konsekwencjach dbania o siebie ▪ Kup sobie film z ćwiczeniami ▪ Ćwicz w pracy
4. Problem z kontrolą wielkości porcji	▪ Posiłek podawaj od razu na talerzu ▪ Używaj mniejszych talerzy i miseczek ▪ Jedz powoli ▪ Jedz najpierw produkty niskokaloryczne, np. warzywa ▪ Skup się na posiłku ▪ Jedz w jednym miejscu ▪ Jeżeli po posiłku jesteś głodny, sięgnij po warzywa, surówkę

Problemy	Rozwiązanie
5. Kiedy jestem na przyjęciu, trudno mi nie jeść	▪ W restauracji zamawiaj porcje dziecięce ▪ Podejdź do stołu tylko raz i starannie wybieraj ▪ Z góry ustal, ile zjesz ▪ Pozwól sobie na jedną kaloryczną przekąskę i uzupełnij ją warzywami ▪ Żuj długo ▪ Przed przyjęciem zjedz coś małego ▪ Odmawiaj bez wstydu ▪ Miej zawsze trochę jedzenia na talerzu, żeby nikt nie nałożył ci dokładki
6. Lubię jeść wieczorami	▪ Pij wodę z cytryną ▪ Nie zapominaj o podwieczorku ▪ Jedz 5 posiłków o stałych porach ▪ Nie trzymaj w domu niezdrowych przekąsek – np. żółtego sera ▪ Jeżeli poczujesz silny głód, jedz warzywa ▪ Znajdź sobie ciekawe zajęcie, żeby nie myśleć o podjadaniu ▪ Połóż się spać wcześniej ▪ Weź aromatyczną kąpiel i wypij pyszną herbatę
7. Ważę się codziennie	▪ Waż się raz w tygodniu, stopniowo ▪ Zabierz wagę do pracy ▪ Ćwicz silną wolę
8. Lubię alkohol **Czerwone wino wytrawne – 78 kcal/200 ml** **Wino białe deserowe – 90 kcal/100 ml** **Likier – 84 kcal/20 ml** **Piwo – 245 kcal/500 ml** **Szampan – 95 kcal/125 ml (kieliszek)** **Wermut – 194 kcal/ 125 ml (kieliszek)** **Wódka – 110 kcal/50 ml**	▪ Alkohol jest bardzo kaloryczny, dlatego zalicz go do słodyczy i spożywaj raz w tygodniu ▪ Wybierz wino czerwone ▪ Pij więcej wody, herbaty ▪ Ćwicz silną wolę ▪ Odmów ▪ Przelicz kalorie z alkoholu na ilość zdrowych produktów
9. Piję mało wody	Nastaw przypomnienie w telefonie Dodaj cytrynę, ogórek, pomarańczę i inne dodatki Kupuj różne wody Miej przy sobie butelkę wody poj. 500 ml

Dieta w insulinooporności

Czy dieta w insulinooporności oznacza, że nie wolno jeść już chleba, ryżu, makaronu, ziemniaków, mleka, glutenu i jeszcze owoców? A jedyne rzeczy, jakie można robić, to skrupulatnie liczyć kalorie, oddychać, spać, pić wodę i morderczo trenować? Tak oczywiście nie jest. Dieta w insulinooporności to po prostu zdrowe żywienie, indywidualne podejście do własnych potrzeb oraz słuchanie wskazówek, które wysyła nam nasz organizm. Dieta w insulinooporności wraz z aktywnością fizyczną, wysypianiem się i zmniejszeniem stresu stanowi najlepsze lekarstwo lub, w zaawansowanej chorobie, wsparcie farmakoterapii. Insulinooporność wymaga zmiany nawyków żywieniowych, a nie chwilowej diety. W tym przypadku ogromnie ważna jest systematyczność i konsekwencja, zamiast ciągłych wpadek w postaci np. słodyczy czy braku regularności posiłków. To ciężka praca, a nie dieta-cud mająca przynieść szybkie, ale nietrwałe efekty. To zmiana sposobu żywienia już na zawsze. Dlaczego? Bo cukrzyca czeka tuż za rogiem. Brak jest specjalnych rekomendacji żywienia w insulinooporności, dlatego opierają się one na zaleceniach dla osób z cukrzycą. W książce przedstawione są zalecenia działające na większość osób, ale nie jest powiedziane, że np. tak jak u mojej babci, zjedzenie słodkich winogron wcale nie wpłynie na zwiększenie stężenia glukozy we krwi. Dlatego warto testować różne produkty i obserwować swój organizm.

U pacjentów chorujących na insulinooporność podstawowym celem dietoterapii jest w przypadku nadmiernej masy ciała – jej normalizacja. Należy dopasować wartość energetyczną jadłospisów indywidualnie, pamiętając o podstawowych założeniach diety w zaburzeniach węglowodanowych.

Najważniejsze zalecenia dietetyczne podczas stosowania diety redukcyjnej

Zasada 4 U podczas odchudzania:

1. **U**kładanie menu – przynajmniej dzień wcześniej.
2. **U**zupełnianie dziennika żywieniowego.
3. **U**normowanie snu.
4. **U**waga – potrzebna jest waga – „lepiej zważyć żywność przed spożyciem niż siebie po spożyciu".

Bezpieczny i skuteczny program odchudzania to przede wszystkim:

1. Zdrowa dieta, czyli taka, która zawiera wszystkie niezbędne składniki – węglowodany, białka, tłuszcze, witaminy i minerały, o odpowiednio zmniejszonej wartości energetycznej. **Wszystkie składniki powinny być dostarczone z żywności jak najmniej przetworzonej.**
2. Trwała zmiana nawyków żywieniowych.
3. Zwiększenie aktywności fizycznej.
4. Umiarkowane, równomierne tempo chudnięcia: 0,5–1 kg tygodniowo.
5. Program uwzględniający nie tylko schudnięcie, ale również plan utrzymania prawidłowej masy ciała.

Oczywiście, jak w przypadku każdego schorzenia, dieta musi być indywidualnie dostosowana do każdej osoby, co w przypadku insulinooporności szczególnie dotyczy częstotliwości spożywania posiłków i łączenia poszczególnych produktów.

Ogólne zalecenia:

1. Spożywaj regularnie, o stałych porach, pięć posiłków dziennie (trzy główne i dwa mniejsze), bez podjadania między nimi. To najczęstsze zalecenie dietetyczne. I słusznie, bo jest bardzo ważne. Jednak w przypadku insulinooporności bardzo często pojawia się pytanie, czy pięć posiłków dziennie jest dobrym rozwiązaniem? A to już zależy od przyjmowanych leków, poziomu aktywności fizycznej, trybu pracy, masy ciała, występowaniu takich symptomów jak np. senność oraz od wyni-

ków badań. Nie ma jednoznacznej odpowiedzi, jeżeli chodzi o optymalną liczbę posiłków. Należy ją ustalić, obserwując swój organizm i współpracując z dietetykiem. Można sobie na to pytanie odpowiedzieć również podczas badań. Insulina na czczo powinna wynosić nie więcej niż 10. Krzywa daje obraz tego, jak organizm reaguje na spożycie pokarmu. Jeżeli w wyniku badań insulina lub glukoza nie opada do normy w trzecim pomiarze, to jedzenie co trzy godziny może się nie sprawdzić. Najlepiej w tym przypadku sprawdza się spożywanie czterech posiłków. Insulina ma swój dobowy rytm wydzielania, więc eliminacja jednego posiłku nie sprawi, że trzustka nie będzie wydzielać tego hormonu wcale. Spożywanie trzech posiłków dziennie niesie ze sobą ryzyko większych porcji niż w przypadku czterech czy pięciu posiłków. Tymczasem większa porcja zjedzona jednorazowo powoduje większy wyrzut insuliny. Dlatego cały czas zaleca się, aby jednak spożywać więcej porcji, ale mniejszych, żeby utrzymać fizjologiczny poziom insuliny. Oczywiście w praktyce nie jest to takie proste, ponieważ faktycznie są osoby, które przy trzech posiłkach czują się znacznie lepiej, nie jedzą zbyt obfitych porcji i widzą poprawę w wynikach badań. To tylko potwierdza fakt, że należy słuchać własnego organizmu.

2. Nie można spożywać mniej kalorii niż podstawowa przemiana materii (PPM), czyli zapotrzebowanie jest takie, aby zapewniło nam prawidłowe funkcjonowanie organizmu w stanie spoczynku.
   W celu określenie podstawowej przemiany materii u osób z nadmierną masą ciała poleca się użycie wzoru Mifflina i St.Jeor:
   PPM (kobiety) =
   (10 × masa ciała [kg]) + (6,25 × wzrost [cm]) – (5 × [wiek]) – 161
   PPM (mężczyźni) =
   (10 × masa ciała [kg]) + (6, 25 × wzrost [cm]) – (5 × [wiek]) + 5
   Natomiast dla osób z prawidłową masą ciała możemy użyć wzoru Harrisa-Benedicta
   PPM (kobiety) =
   655,1 + (9,563 × masa ciała [kg]) + (1,85 × wzrost [cm]) – (4,676 × [wiek])
   PPM (mężczyźni) =
   66,5 + (13,75 × masa ciała [kg]) + (5,003 × wzrost [cm]) – (6,775 × [wiek])

Nie należy jednak nadmiernie skupiać się na liczeniu kalorii każdego dnia. Ważny jest średni bilans tygodniowy, a tak naprawdę dobór odpowiednich produktów spożywczych.

3. Nie podjadaj między posiłkami! To jedno z ważniejszych zaleceń. Należy pamiętać, że nawet wypicie kawy z mlekiem między posiłkami spowoduje rozpoczęcie procesu trawienia, pobudzenie trzustki i wydzielanie insuliny. Dlatego w tym przypadku, odwrotnie do standardowych zaleceń, lepiej jest wypić taką kawę do posiłku. Wszystko, co ma wartość energetyczną, traktowane jest jako posiłek. Dlatego bezkarnie między posiłkami można pić jedynie wodę oraz kawę i herbatę bez dodatków.
4. Śniadanie spożywaj najpóźniej 1 godzinę po wstaniu, kolację na 2–3 godziny przed pójściem spać.
5. Śniadania powinny być obfite, z dodatkiem pieczywa, płatków, natomiast kolacje lżejsze, na bazie warzyw i chudego nabiału.
6. Dokładnie gryź i przeżuwaj jedzenie.
7. Wypijaj małymi łyczkami około 2 litry wody mineralnej między posiłkami.
8. Wyeliminuj słodzenie herbaty i kawy, picie słodzonych napojów oraz spożywanie słonych i słodkich przekąsek.
9. Bazuj na nieprzetworzonych produktach pochodzenia roślinnego, które powinny stanowić 80–90% zdrowej diety.
10. Wybieraj pieczywo pełnoziarniste, razowe, żytnie. Nieprzetworzone płatki owsiane, gruboziarniste kasze, brązowy ryż oraz makaron. Produkty te stanowią bogate źródło między innymi błonnika dającego uczucie sytości i spowalniającego wchłanianie glukozy oraz magnezu i witamin z grupy B.
11. Spożywaj warzywa w nieograniczonej ilości, nie tylko w postaci niewielkiego dodatku, ale również jako podstawę pełnowartościowego posiłku.
12. Owoce spożywaj najlepiej w pierwszej połowie dnia, w miarę możliwości bez obierania ze skórki, pod którą znajdują się cenne witaminy i składniki mineralne.

13. Wybieraj nabiał o obniżonej zawartości tłuszczu, naturalne jogurty, kefiry, maślanki. Ogranicz tłuste sery twarogowe, ser żółty, topiony, typu feta, mozzarella.
14. Wyeliminuj tłuste gatunki mięs, podroby, tłuste wędliny, parówki, pasztety.
15. Przynajmniej dwa razy w tygodniu spożywaj tłuste ryby morskie.
16. Spożywaj tłuszcze w formie naturalnej, które dodatkowo stanowią źródło witamin i składników mineralnych – orzechy, nasiona, oliwki, awokado. Do potraw, najlepiej na zimno, używaj oleju rzepakowego, lnianego lub oliwy z oliwek.
17. Wprowadź do diety produkty o działaniu obniżającym stężenie glukozy: orzechy, soję, czarne porzeczki, sok z ogórków, kiszoną kapustę, kiełki, pokrzywę, mniszek lekarski, czosnek, cebulę.
18. Nie stosuj cukru. Dobrym jego zamiennikiem są ksylitol, stewia i erytrytol, ale najlepiej powoli odzwyczajać się od słodkiego smaku.
19. Wybieraj takie technologie przygotowywania potraw jak pieczenie, duszenie bez obsmażania, grillowanie, gotowanie w małej ilości wody lub na parze. Ogranicz tradycyjne smażenie z dodatkiem tłuszczu.
20. Zaburzenie równowagi flory bakteryjnej również może wpływać na występowanie stanu zapalnego i rozwój insulinooporności, dlatego zaleca się stosowanie probiotyków – kiszonek, fermentowanych produktów mlecznych oraz prebiotyków czyli żywności zawierającej inulinę (por, czosnek, cebula, szparagi, topinambur, aloes, cykoria, karczochy). Dobre bakterie jelitowe potrzebują również diety wysokobłonnikowej. Warto dodatkowo suplementować się probiotykami.
21. Podczas codziennych zakupów czytaj etykiety i zwróć uwagę na zawartość tłuszczu i cukru w produktach spożywczych.
22. Na zakupy wybieraj się zawsze z przygotowaną wcześniej listą. Również menu warto przygotować sobie dzień wcześniej i starać się trzymać ustalonego planu (pomoże to zwiększyć dyscyplinę).
23. Waż się nie częściej i nie rzadziej niż raz w tygodniu.
24. Pamiętaj o pozytywnym nastawieniu do zmiany stylu życia, angażuj w to członków swojej rodziny.
25. Regularnie uprawiaj aktywność fizyczną.

ZALECANE NATURALNE MIARY PORCJI POŻYWIENIA

zaciśnięta pięść – owoce / produkty zbożowe / ziemniaki

dłonie w kształcie miseczki – warzywa

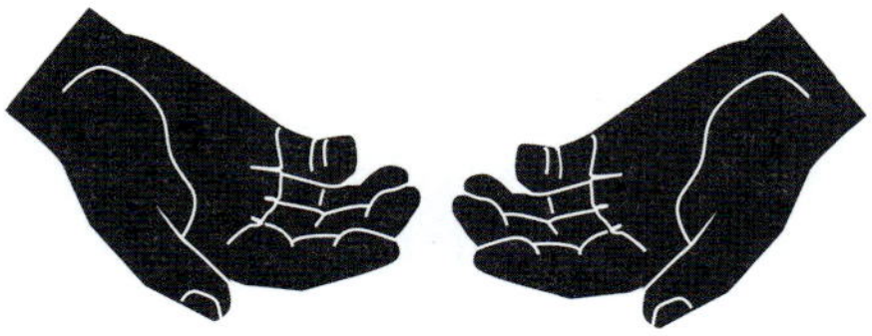

otwarta dłoń – mięso i produkty zastępcze (ryby, jajka i rośliny strączkowe)

kciuk – zdrowe tłuszcze

Ze względu na duży wpływ stanu zapalnego na rozwój insulinooporności warto stosować produkty o wysokiej zdolności pochłaniania rodników tlenowych (ORAC, ang. *Oxygen Radical Absorbance Capacity* – zdolność pochłaniania reaktywnych form tlenu przez przeciwutleniacze).

Według badaczy gwarancją długowieczności jest zjadanie co najmniej 6000 ORAC dziennie.

Produkty dostarczające 2000 ORAC na porcję:

- $^{1}/_{3}$ łyżki cynamonu
- $^{1}/_{3}$ łyżki oregano
- $^{1}/_{2}$ łyżki kurkumy

- czubata łyżka gorczycy
- $^{1}/_{5}$ szklanki borówki amerykańskiej
- połowa gruszki lub grejpfruta
- $^{1}/_{2}$ szklanki owoców jagodowych
- $^{1}/_{2}$ filiżanki wiśni lub czereśni
- jedno jabłko lub pomarańcza
- 4 kostki gorzkiej czekolady
- 7 połówek orzechów włoskich
- 8 orzechów pekan
- $^{1}/_{4}$ filiżanki pistacji
- $^{1}/_{2}$ filiżanki gotowanej soczewicy
- 1 filiżanka gotowanej fasoli
- $^{1}/_{3}$ średniego awokado
- $^{1}/_{2}$ filiżanki czerwonej kapusty
- 2 filiżanki brokułów
- 8 szparagów
- 150 ml wytrawnego wina

WĘGLOWODANY

Główne zalecenia żywieniowe opierają się na ilości węglowodanów w diecie, gdzie procent ich spożycia powinien wynosić 45% całkowitej energii. W przypadku opierania się na produktach o niskim indeksie glikemicznym udział tego składnika odżywczego można zwiększyć. Niestety, wiele osób wrzuca wszystkie węglowodany do jednego worka. Dlatego też wcześniej omówiony został podział tego składnika odżywczego. Za plagę otyłości i insulinooporności nie należy winić węglowodanów złożonych.

Produkty pochodzenia roślinnego zawierają więcej węglowodanów niż te pochodzenia zwierzęcego. Czy to oznacza, że osoby z insulinoopornością nie mogą stosować diety wegetariańskiej, a zwłaszcza wegańskiej? Absolutnie tak nie jest. Przede wszystkim warto przypomnieć, że insulinooporność zwykle stanowi konsekwencję nadmiernej masy ciała. Według wielu badań, zarówno dieta wegańska, jak i wegetariańska przyczyniają się do normalizacji masy ciała oraz są dietami rekomendowanymi podczas występowania zaburzeń gospodarki węglowodanowej. Według zaleceń klinicznych Stanowiska Polskiego Towarzystwa Diabetologicznego z roku 2018, nie ma konieczności ograniczania podaży białka zwierzęcego, jednak w dalszym ciągu obserwuje się korzystny wpływ zastąpienia u części pacjentów białka zwierzęcego białkiem roślinnym. Aktualny stan wiedzy wskazuje, że stosunkowo wysokie spożycie błonnika, kwasu foliowego, witaminy C, witaminy E i magnezu oraz niskie spożycie tłuszczów nasyconych może mieć korzystne działanie w profilaktyce i leczeniu między innymi cukrzycy. Bardzo ciekawe badanie pilotażowe opisano również w *Standards of medical care in diabetes* (z 2015 r.). Osoby z cukrzycą stosowały przez siedem miesięcy dietę, w której codziennie musiały spożyć przynajmniej jedną dużą sałatkę, zupę jarzynową, garść orzechów i nasion, owoce do każdego posiłku, pół kilograma gotowanej zieleniny oraz porcję pełnoziarnistych produktów zbożowych, jednocześnie rezygnując z produktów przetworzonych. Po tym czasie poziom hemoglobiny glikowanej spadł u badanych z poziomu 8,2 do 5,8 (według norm powinien wynosić poniżej 5,7). Nawet u tych uczestników badania, u których nie nastąpiła redukcja ciała, wskaźniki cukrzycowe uległy poprawie.

Osoba z problemem insulinooporności stosująca dietę wegetariańską lub wegańską musi pamiętać o tych samych zaleceniach dotyczących podaży składników mineralnych i innych zasadach żywieniowych, co osoba będąca na diecie tradycyjnej. Należy szczególnie zwrócić uwagę na eliminację węglowodanów prostych, również tych w postaci owoców, oraz na zwiększenie udziału białka z roślin strączkowych, zbóż bogatych w proteiny, jak np. komosa ryżowa, orzechów, a nawet wyizolowanego białka. W tym przypadku należy jednak przede wszystkim dbać o prawidłową wartość energetyczną diety, gdyż diety wegetariańskie przy nieodpowiednim zbilansowaniu nie mają nic wspólnego ze zdrowym, normokalorycznym sposobem żywienia.

INDEKS GLIKEMICZNY

Osoby chorujące na insulinooporność muszą przede wszystkim zwracać uwagę na indeks glikemiczny spożywanych pokarmów. Pojęcie indeksu glikemicznego (GI, ang. *glycemic index*) zostało wprowadzone w roku 1981 przez Davida Jenkinsa i in. i określa procentowy wzrost stężenia glukozy we krwi, jaki następuje po spożyciu 50 g przyswajalnych węglowodanów. Przyjmuje się, że produkty, których IG jest niższy niż 50, są dla organizmu najbardziej korzystne.

Maltoza (piwo)	115	Piwo	110
Glukoza (dekstroza)	100	Skrobia modyfikowana	100
Syrop glukozowy	100	Syrop ryżowy	100
Mąka ryżowa	95	Mąka ziemniaczna	95
Pieczone ziemniaki	95	Smażone ziemniaki, frytki	95
Pieczywo białe, bezglutenowe	90	Płatki ziemniaczane	90
Ryż klejący	90	Bulka biała hamburgerowa	85
Kukurydza dmuchana (pop corn)	85	Mączka kukurydziana	85
Mąka biała pszenna	85	Maranta	85
Marchew (gotowana)	85	Pasternak	85
Pieczywo białe tostowe	85	Płatki kukurydziane (cornflakes)	85
Ryż błyskawiczny	85	Ryż dmuchany	85
Ryż instant	85	Ryż krótkoziarnisty (klejący się)	85
Rzepa (gotowana)	85	Seler korzeniowy (gotowany)	85
Tapioka	85	Purée z kartofli	80
Arbuz	75	Dynia	75
Dyniowate (różne)	75	Lasagne (z białej mąki pszennej)	75
Mleko ryżowe (z cukrem)	75	Pączki	75
Wafel (z cukrem)	75	Amarantus (szarłat) dmuchany	70
Bagietka z białej mąki	70	Bajgiel	70
Banany	70	Batonik czekoladowy (z dodatkiem cukru)	70
Biskwit (herbatnik)	70	Bułeczki drożdżowe śniadaniowe	70
Chipsy ziemniaczane	70	Chleb z mąki ryżowej	70
Croissant	70	Cukier biały krystaliczny (cukroza)	70
Cukier brązowy	70	Daktyle	70
Gnocchi (kopytka)	70	Kalarepa	70

Kasza kukurydziana	70	Maca z białej mąki	70
Mąka kukurydziana	70	Płatki śniadaniowe słodzone	70
Oczyszczone płatki zbożowe (z dodatkiem cukru)	70	Proso	70
Polenta	70	Risotto	70
Ravioli z białej mąki pszennej	70	Sucharek	70
Ryż zwykły	70	Taco	70
Syrop z melasy	70	Ziemniaki obrane gotowane w wodzie z solą	70
Tagliatelle (knedle)	70	Bób (gotowany)	65
Ananas (z puszki)	65	Bułeczki czekoladowe	65
Batoniki Mars, Sinckers itp.	65	Chiński makaron z ryżu	65
Burak czerwony gotowany	65	Chlebowiec	65
Chleb żytni (30% mąki żytniej)	65	Ignam (pochrzyn, słodki ziemniak)	65
Dżem z pigwy z dodatkiem cukru	65	Kukurydza	65
Konfitura z cukrem	65	Mąka z kasztana jadalnego	65
Kuskus	65	Müsli (słodzone cukrem lub miodem)	65
Marmolada z dodatkiem cukru	65	Pieczywo z mąki z pełnego przemiału	65
Pieczywo ciemne na zakwasie	65	Rodzynki	65
Pieczywo z niepełnego przemiału (50%)	65	Syrop klonowy	65
Sorbet (z dodatkiem cukru)	65	Ziemniaki gotowane w mundurkach	65
Tamaryndowiec (słodkie nasiona)	65	Banany dojrzałe	60
Bułka maślana	60	Czekolada w proszku (z cukrem)	60
Kasza manna z twardego ziarna	60	Kasza perlowa	60
Kasztan jadalny	60	Lasagne (z twardego ziarna)	60
Lody śmietankowe (z dodatkiem cukru)	60	Majonez (kupny)	60
Mąka z pełnego przemiału	60	Melon (miodowy)	60
Miód	60	Morele (puszkowane w syropie)	60
Mleko czekoladowe	60	Owsianka	60
Pizza	60	Ravioli (z mąki durum)	60
Ryz długoziarnisty	60	Brzoskwinie (puszkowane, w syropie)	55

Ryż jaśminowy	60	Kaszka bulgur (gotowana)	55
Bułka maślana	55	Keczup	55
Napoje słodzone i gazowane typu cola	70	Maniok (słodki)	55
Miszpelnik japoński	55	Musztarda (z dodatkiem cukru)	55
Krem czekoladowy	55	Papaja (świeże owoce)	55
Ryż czerwony	55	Sok z mango (niesłodzony)	55
Sok z winogron (bez cukru)	55	Spaghetti (gotowane na miękko)	55
Makaron tagliatelle	55	Sushi	55
Maniok	55		

Bataty (słodkie kartofle)	50	Batony energetyczne z ziarnami (bez cukru)	50
Biskwit (z pełnej mąki, bez cukru)	50	Chayote, owoc z rodziny dyniowatych	50
Chleb na bazie prosa boliwijskiego	50	Chlebki Wasa light	50
Kuskus (pełne ziarno)	50	Kiwi	50
Makaron (z twardej pszenicy durum)	50	Makaron z pełnej pszenicy	50
Mango (świeże owoce)	50	Müsli (niesłodzone)	50
Owoce lichee	50	Persymona, kaki	50
Płatki pełnozbożowe	50	Ryż brązowy basmati	50
Ryż niełuskany	50	Sok ananasowy (niesłodzony)	50
Sok z borówki czerwonej (bez cukru)	50	Sok z jabłek (niesłodzony)	50
Surimi (paluszki krabowe)	50	Topinambur	50
Ananas (swieży owoc)	45	Banan zielony (niedojrzały)	45
Borówka czerwona (brusznica)	45	Chleb razowy żytni z pełnego ziarna	45
Chleb z pszenicy egipskiej, kamut	45	Kuskus z pełnego ziarna	45
Groszek zielony (z puszki)	45	Kaszka pszenna bulgur	45
Konfitura (bez cukru)	45	Mąka z pszenicy egipskiej pełnej (kamut)	45
Makaron typu Capellini	45	Müsli Montignac	45
Orzech kokosowy	45	Płatki śniadaniowe pełne (bez cukru)	45
Pszenica orkiszowa	45	Pszenica orkiszowa	45
Pumpernickel	45	Ryż Basmati niełuskany	45
Sok z gejpfruta (bez cukru)	45	Sok z pomarańczy (świeżo wyciskany)	45

Sos z pomidorów (z cukrem)	45	Tosty z chleba z mąki pełnej	45
Winogrona (świeże owoce)	45	Twardy banan (do gotowania lub smażenia)	45
Bób surowy	40	Babka piaskowa z pełnej mąki (bez cukru)	40
Falafel (potrawa z fasoli lub ciecierzycy znana w Turcji)	40	Chleb z mąki pełnej na zakwasie	40
Figi suszone	40	Fasola czerwona (z puszki)	40
Kawa z cykorii	40	Kasza gryczana	40
Maca (z mąki pełnoziarnistej)	40	Laktoza	40
Makaron pełny pszenny, al dente	40	Mąka z quina (prosa boliwijskiego)	40
Pasta sezamowa (tahin)	40	Mleczko kokosowe	40
Płatki owsiane	40	Pasta z orzeszków ziemnych	40
Pszenica egipska, kamut	40	Płatki śniadaniowe pełne(bez cukru)	40
Śliwki suszone	40	Pumpernickel Montignac	40
Sorbet (niesłodzony)	40	Sok z marchewki (bez cukru)	40
Wino jabłkowe wytrawne	40	Spaghetti al dente (gotowane 5 minut)	40

Amarantus	35	Brzoskwinie (świeże owoce)	35
Cassoulet (fasola z mięsem)	35	Ciecierzyca (z puszki)	35
Czerymoja (jabłko budyniowe, flaszowiec)	35	Drożdże	35
Drożdże piwne	35	Falafel z ciecierzycy	35
Fasola biała – perłowa	35	Fasola borlotti	35
Fasola czarna	35	Fasola czerwona	35
Fasola typu adżuki	35	Figi (świeże owoce)	35
Granat (świeży)	35	Groszek zielony (świeży)	35
Jabłka (świeże owoce)	35	Jabłka suszone	35
Jogurt naturalny	35	Jogurt z soji (aromatyzowany)	35
Kukurydza antyczna indiańska	35	Quinoa (komosa ryżowa)	35
Lody śmietankowe (z fruktozą)	35	Mączka z ciecierzycy	35
Morele suszone	35	Musztarda ostra typu Dijon	35
Nasiona siemienia lnianego, sezamu, maku	35	Nektarynki (świeże)	35

Pasta z migdałów (bez cukru)	35	Pigwa pospolita	35
Pomarańcze (świeże)	35	Pomidory suszone	35
Przecier z pomidorów (bez cukru)	35	Przecier jabłkowy	35
Ryż dziki	35	Seler korzeniowy	35
Śliwki, świeże	35	Soczewica zielona świeża	35
Sok pomidorowy	35	Tabliczka czekolady (bez cukru typu Montignac)	35
Wasa o zawartości błonnika 24%	35	Wermiszeli z mąki z pełnego przemiału	35
Ziarna ze słonecznika	35	Buraki czerwone (surowe)	30
Ciecierzyca	30	Czosnek	30
Fasolka szparagowa	30	Grejpfrut (świeży)	30
Gruszki (świeże)	30	Knedle sojowe	30
Marakuja	30	Marchew (świeża)	30
Marmolada (niesłodzona)	30	Mleko z proszku	30
Mleko (pełne lub chude)	30	Mleko sojowe	30
Mleko z migdałów	30	Mleko z owsa (surowe)	30
Mandarynka	30	Morele (świeże)	30
Pomidory	30	Rzepa	30
Skorzonera	30	Soczewica brązowa	30
Soczewica żółta	30	Twarożek	30
Agrest niebieski	25	Czarna jagoda (czernica)	25
Czekolada czarna (>70% kakao)	25	Fasola mungo	25
Fasolka flageolet	25	Groch łuskany	25
Hummus (pasta z ciecierzycy)	25	Jęczmień	25
Mąka sojowa	25	Malina (świeża)	25
Morwa	25	Pasta migdałowa (niesłodzona)	25
Pasta z orzechów laskowych (niesłodzona)	25	Pasta z orzeszków laskowych (bez cukru)	25
Pestki z dyni	25	Porzeczka czerwona	25
Soczewica zielona	25	Truskawki (świeże)	25
Wiśnie	25	Acerola	20
Artiszoki	20	Bakłażan, oberżyna	20
Czekolada czarna (>85% kakao)	20	Fruktoza Montignac	20

Jogurt sojowy	20	Kakao w proszku (bez cukru)	20
Pędy bambusa	20	Ratatouille (potrawa z kabaczka, patisona, pomidorów, itp.	20
Serce palmowe	20	Śmietana sojowa	20
Sok z cytryny (niesłodzony)	20	Sos Tamari (bez cukru)	20
Agawa (syrop)	15	Agrest złoty	15
Brokuły	15	Brukselka	15
Cebula	15	Cukinia	15
Cykoria, endywia	15	Czarna porzeczka	15
Fasola pnąca	15	Imbir	15
Kalafior	15	Kapusta	15
Kiełki (soja, fasola)	15	Koper włoski	15
Korniszony marynowane	15	Kiszona kapusta	15
Mąka z nasion chlebka świętojańskiego (karob)	15	Migdały	15
Ogórek	15	Oliwki	15
Orzechy laskowe	15	Orzechy nerkowce	15
Orzechy włoskie	15	Orzeszki arachidowe	15
Orzeszki pistacjowe	15	Papryka	15
Papryka chili	15	Pesto	15
Pieczarki	15	Piniola (nasiona)	15
Por	15	Rabarbar	15
Rzodkiewki	15	Sałata zielona	15
Seler naciowy	15	Soja	15
Szalotka	15	Szczaw	15
Szparagi	15	Szpinak	15
Tempeh	15	Tofu sojowe	15
Zarodki	15	Zarodki (pszenne)	15
Awokado, smaczliwka	10	Low GI Montignac pasta (spaghetti)	10
Low GI Montignac spaghetti	10	Ocet winny	5
Przyprawy, zioła (natka pietruszki, bazylia, wanilia, cynamon	5	Skorupiaki (homar, krab, krewetki)	5

Indeks glikemiczny zależy również od stopnia przetworzenia produktu, jego rozdrobnienia i sposobu obróbki termicznej. Przykładowo, niższy indeks mają: płatki owsiane namoczone, a nie ugotowane; płatki naturalne, a nie müsli; chleb razowy, a nie pszenny; surowe owoce, a nie suszone; surowy burak i marchewka, a nie gotowane.

Oczywiście mały dodatek gotowanej marchewki w zupie nie wpłynie źle na wzrost stężenia glukozy, ale już zupa krem marchewkowy jak najbardziej. Niewielki dodatek w daniu nie zaburzy gospodarki węglowodanowej, ponieważ w tym przypadku liczy się ładunek glikemiczny całego posiłku. Przykładowo, zestawienie kaszy gryczanej, mięsa z indyka i marchewki z groszkiem bez zasmażki spowoduje, że kasza i mięso, które mają niższy indeks glikemiczny obniżą IG posiłku.

ŁADUNEK GLIKEMICZNY

Szesnaście lat później, a więc w roku 1997, zaczęto brać pod uwagę już nie tylko jakość spożytych węglowodanów, ale również ich ilość. W ten sposób powstała **definicja ładunku glikemicznego**. Jest to iloczyn indeksu glikemicznego oraz ilości węglowodanów zawartych w danym produkcie, podzielony przez 100. Produkt o niskim wskaźniku ładunku glikemicznego to wartość poniżej 10, średni – między 10 a 20, a wysoki – powyżej 20.

Tabela przedstawia indeks glikemiczny, rozmiar porcji oraz ładunek glikemiczny wybranych produktów spożywczych.

Produkt spożywczy	Indeks glikemiczny	Ładunek glikemiczny	Masa w gramach
Orzeszki ziemne	14	1	50
Soja z puszki	14	1	150
Soja gotowana	18	1	150
Grejpfrut	23	3	120
Ciecierzyca gotowana	28	8	150
Śliwki suszone	29	10	60
Jabłka suszone	29	10	60
Śliwki	39	5	120

Produkt spożywczy	Indeks glikemiczny	Ładunek glikemiczny	Masa w gramach
Jogurt naturalny	36	3	200
Gruszki	38	4	120
Jabłka	38	6	120
Marchewka gotowana	47	3	80
Chleb gryczany	47	10	30
Mango	51	8	120
Banany	52	12	120
Morele	57	5	120
Bataty	61	17	150
Wafle ryżowe	64	11	25
Obrane ziemniaki gotowane na parze	65	18	150
Chleb pszenny	70	10	30
Arbuzy	72	7	120
Dynia	75	3	80
Pieczone ziemniaki	85	26	150
Pasternak	97	12	80
Daktyle suszone	103	42	60

Tabela wg Kcalmar.pro, Tabela indeksów i ładunków glikemicznych.

Warto jeszcze zwrócić uwagę na pojęcie **skrobi opornej**. Powoduje ona zdecydowanie mniejszy wzrost stężenia glukozy po posiłku. Powstaje poprzez schłodzenie produktów skrobiowych, takich jak ziemniaki. Nie są zbyt często polecane w diecie przy insulinooporności, ale jeżeli będą wcześniej ugotowane, schłodzone w lodówce i dopiero wówczas lekko podgrzane, mogą stanowić dodatek do posiłku, zwłaszcza skomponowanego z produktem białkowym, jak mięso i warzywa.

Produkty zdrowe, ale o wyższym indeksie glikemicznym, na które trzeba uważać w diecie to: banany, winogrona (w dużych ilościach), arbuz, czereśnie, kukurydza, gotowane płatki owsiane, czasem, u osób bardzo wrażliwych, również mleko i jego przetwory ze względu na zawartą w nich laktozę.

Indeks glikemiczny dotyczy węglowodanów, dlatego opisując to pojęcie, myślimy przede wszystkim o zbożach, warzywach skrobiowych, owocach i produktach, do których dodano ten cukier, z tego powodu też czekolada nie spowoduje szybkiego wzrostu stężenia glukozy. Szczególnie mowa tu o czekoladzie z większą ilością kakao ze względu na wyższą zawartość tłuszczu w stosunku do węglowodanów. Nie dotyczy to czekolady mlecznej, zwykle bardzo dosładzanej, która sama w sobie zawiera laktozę, czyli cukier mleczny.

Kolejnym pojęciem jest **łańcuch glikemiczny**. Wylicza się go poprzez pomnożenie indeksu glikemicznego przez zawartość węglowodanów przyswajalnych w produkcie, a następnie podzielenie wyniku przez 100.

BŁONNIK POKARMOWY

Najnowsze doniesienia dotyczące zaleceń klinicznych dla osób chorujących na cukrzycę według Stanowiska Polskiego Towarzystwa Diabetologicznego z roku 2018 sugerują, aby dziennie spożywać minimum 25 g błonnika pokarmowego lub zachować dzienną proporcję 15 g błonnika pokarmowego na 1000 kcal diety. Pacjentom, również tym na diecie eliminacyjnej, zaleca się spożywać minimum dwie porcje produktów zbożowych pełnoziarnistych oraz trzy porcje warzyw, które szczególnie bogate są w błonnik. Jego rozpuszczalna frakcja wpływa pozytywnie na obniżenie glikemii poposiłkowej, jednak należy pamiętać, że zbyt wysokie spożycie może wpływać na spadek wchłaniania części pierwiastków, takich jak cynk, wapń czy żelazo.

BIAŁKO

Według zaleceń klinicznych Stanowiska Polskiego Towarzystwa Diabetologicznego z roku 2018 nie ma konieczności ograniczania podaży białka zwierzęcego, jednak w dalszym ciągu u części pacjentów obserwuje się korzystny wpływ zastąpienia białka zwierzęcego białkiem roślinnym, czyli zastosowanie diety wegańskiej.

TŁUSZCZ

Spożycie tłuszczów u cukrzyków zaleca się na poziomie 30–35% całkowitej spożywanej energii, przy czym tłuszcze nasycone powinny stanowić mniej niż 10%. Zwiększone w porównaniu do standardowej diety spożycie tłuszczów wiąże się z ich funkcją opóźniania wchłaniania węglowodanów, co jest pożądane u osób chorujących na cukrzycę. Wiele osób spożywa nadmierne ilości tłuszczu, tłumacząc się ich zerowym indeksem glikemicznym. Jednak nadmiar tego składnika odżywczego, szczególnie w postaci nasyconych kwasów tłuszczowych, zmniejsza wrażliwość komórek na insulinę i zwiększa ryzyko chorób układu krążenia. Najważniejsze jest natomiast spożycie wielonienasyconych kwasów tłuszczowych omega-3, które mają działanie przeciwzapalne, u osób z nadmierną masą ciała poprawiają wrażliwość tkanek na insulinę oraz zwiększają ekspresję genów regulujących metabolizm glukozy w mięśniach.

SKŁADNIKI MINERALNE

Do utrzymania prawidłowej gospodarki węglowodanowej niezbędne są również niektóre składniki mineralne. Zalicza się do nich:

- **Magnez**: zwiększa wrażliwość tkanek na insulinę. Źródłem magnezu są produkty pełnoziarniste, kakao, pestki słonecznika i dyni, orzechy, rośliny strączkowe, banany, pomidory, awokado i zielone warzywa.
- **Żelazo**: wysoki poziom żelaza i ferrytyny, białka transportującego żelazo, zmniejsza wrażliwość tkanek na insulinę. Źródłem żelaza są jajka, czerwone mięso, pełnoziarniste produkty zbożowe, pestki dyni, zielone warzywa, natka pietruszki, buraki, suche nasiona roślin strączkowych ze szczególnym uwzględnieniem ciecierzycy.
- **Cynk**: bierze udział w procesie wydzielania insuliny. Znajduje się w pestkach dyni, nasionach słonecznika, czosnku, pieczarkach, pełnoziarnistych produktach zbożowych, jajkach, rybach i owocach morza oraz roślinach strączkowych.
- **Selen**: obniża stężenie glukozy, zmniejsza glukoneogenezę, zwiększa syntezę glikogenu. Znajduje się w rybach i owocach morza, produktach pełnoziarnistych, mięsie.

- **Wanad**: zmniejsza glukoneogenezę, zwiększa aktywność receptora insulinopodobnego czynnika wzrostu, zwiększa syntezę glikogenu, regeneruje komórki beta trzustki, zwiększa ilość transporterów insuliny w komórkach. Nie zaleca się suplementacji, gdyż duże dawki są toksyczne. Znajduje się w owocach morza, koprze ogrodowym, natce pietruszki, mięsie, rybach i produktach pełnoziarnistych i mlecznych.

Grupy produktów spożywczych

Wszyscy znamy piramidę zdrowego żywienia. Odnosi się ona do osób zdrowych, ale stanowi podstawę zaleceń doboru produktów również w insulinooporności. Piramida jednak nie mówi o jakości produktów, jakie należy wybierać. W miarę możliwości należy spożywać żywność nieprzetworzoną, lokalną i pochodzącą z wiadomego źródła. Nie denerwujmy się, gdy produkty ulegają psuciu. To naturalne zjawisko dotyczącej nieprzetworzonej żywności.

Produkty zbożowe

Wiele osób z insulinoopornością uważa, że ratunkiem dla nich jest odstawienie produktów zbożowych. Bo to przecież węglowodany i gluten! Dla większości osób nie jest to jednak dobre rozwiązanie, gdyż ich eliminacja bardzo często kończy się jedzeniem napadowym, zwłaszcza słodyczy. A to dlatego, że organizm szybko chce uzupełnić poziom glukozy, woła o nią mózg i nasze mięśnie. W niektórych przypadkach oczywiście może pomóc dieta z ograniczeniem produktów zbożowych, dieta białkowa czy wręcz ketogeniczna (niskowęglowodanowa), ale jest to propozycja dla niewielkiego odsetka chorych na insulinooporność. I tu znowu wracamy do indywidualnego podejścia do doboru diety. Nie ma żadnego naukowego powiązania insulinooporności ze spożyciem glutenu, więc nie każdy musi go wykluczać (jedynie osoby z celiakią i nadwrażliwością na gluten).

Idąc tropem wcześniej omawianego indeksu glikemicznego, należy przede wszystkim unikać oczyszczonej pszenicy, a wybierać pełnoziarniste produkty zbożowe, takie jak pieczywo razowe, brązowy lub nawet dziki ryż (ewentualnie paraboliczny), gruboziarniste kasze (gryczana, pęczak, jęczmienna, orkiszowa, komosa ryżowa, amarantus, jaglana ugotowana na półtwardo, owsiana). Nie należy spożywać kaszy jaglanej rozgotowanej, kuskus, kukurydzianej i kaszy manny. W przypadku insulinooporności zdecydowanie lepsze są kasze, ale w celu urozmaicenia diety warto chociaż raz w tygodniu spożywać pełnoziarniste makarony, żytnie, gryczane, z brązowego ryżu, a nawet pojawiające się na rynku makarony z roślin strączkowych (soczewicy, groszku) albo wodorostów czy rośliny konjac (nazywanej również dziwidłem). Można przygotowywać również potrawy mączne, np. naleśniki z mąk pełnoziarnistych typu 1850 i wyżej.

Jak wybierać dobry chleb? To jedno z częstszych pytań moich pacjentów. Faktycznie nie jest łatwo kupić dobre pieczywo, zwłaszcza w dużych sklepach mających w asortymencie pieczywo mrożone. Chleb przede wszystkim musi być szary i ciężki – typowy chleb na zakwasie, nie na drożdżach, bo ten posiada więcej kwasu fitynowego ograniczającego wchłanianie niektórych składników mineralnych. Koniecznie należy czytać etykiety lub pytać, jaki jest skład pieczywa, żeby nie było wykonane z mąki pszennej i nie zawierało słodu jęczmiennego, innych barwników i spulchniaczy.

Dlaczego pełnoziarniste produkty zbożowe są tak ważne w diecie? Ponieważ stanowią główne źródło powoli dostarczanej energii, zawierają błonnik pokarmowy regulujący pracę jelit, obniżający cholesterol i wspomagający usuwanie toksyn; witaminy z grupy B niezbędne dla prawidłowej pracy układu nerwowego, magnez potrzebny do pracy mięśni oraz cynk i żelazo.

Z diety należy bezwzględnie wyeliminować mąkę pszenną, z której przygotowywane są: białe pieczywo, pieczywo cukiernicze typu drożdżówki, ciasta, białe makarony (w tym także makaron z białego ryżu), ale również biały ryż i często stosowane podczas diety redukcyjnej wafle ryżowe. Produkty te mają wysoki indeks glikemiczny, dostarczają jedynie energii, a są ubogie w witaminy i składniki mineralne.

Produkty zbożowe najlepiej jeść w pierwszych trzech posiłkach, ograniczać natomiast wieczorem. Dlaczego? Ponieważ stanowią główne źródło energii, której już wieczorem nie wydatkujemy. Czy dotyczy to wszystkich? Oczywiście nie. W przypadku kiedy stosowane są śniadania białkowo-tłuszczowe lub ewidentnie źle czujemy się po kolacjach bez produktów zbożowych, koniecznie należy dołożyć do ostatniego posiłku chociaż jedną ich porcję, czyli kromkę pieczywa lub 30 g kaszy, ryżu albo makaronu (suchego produktu).

Co z owsianką na śniadanie? Zanim krótko wspomnimy o śniadaniach białkowo-tłuszczowych, warto poruszyć jeszcze temat porannej owsianki. To bardzo smaczny, lubiany posiłek, zwłaszcza w chłodne jesienno-zimowe poranki. To, czy można owsiankę spożywać, borykając się z insulinoopornością, jest sprawą bardzo indywidualną, ale zwykle jest dobrze tolerowana, pod warunkiem że nie jest rozgotowana. Owsianka gotowana na wodzie czy mleku posiada wysoki indeks glikemiczny. Dlatego też polecam zalanie płatków owsianych górskich (nie błyskawicznych) ciepłym mlekiem lub wodą bez długiego moczenia lub łączenie ich np. z jogurtem, maślanką czy kefirem, pozostawiając do lekkiego zmiękczenia. Będą wtedy twardsze, ale nie spowodują szybkiego skoku stężenia glukozy we krwi, tak jak owsianka rozgotowana. Najlepiej do takich płatków dodać orzechy czy pestki stanowiące źródło tłuszczu, który spowolni wchłanianie glukozy. Można zamiast płatków owsianych stosować otręby, ale pod warunkiem że nie dokuczają nam uciążliwe wzdęcia. Oczywiście nie należy ograniczać się jedynie do płatków owsianych i spożywać również te gryczane, żytnie, jaglane i inne, w miarę upodobań. Zrezygnować natomiast należy z płatków kukurydzianych, ryżowych, müsli, granoli i mieszanek typu crunchy. W tym miejscu warto zwrócić uwagę na omijanie szerokim łukiem wszelkich batonów zbożowych, nawet tych z naturalnych składników.

Kiedy warto spróbować wprowadzić śniadania bez produktów zbożowych? W swojej praktyce nie robię tego zbyt często, ale jeżeli osoba z insulinoopornością ewidentnie źle się czuje po śniadaniach węglowodanowych, czyli bardzo szybko jest głodna, senna i zmęczona, dobrym rozwiązaniem mogą być posiłki białkowo-tłuszczowe. Jednak w niektórych przypadkach spożywanie śniadań białkowo-tłuszczowych może być wręcz niepożądane (np. w przypadku hipoglikemii reaktywnej). Warto rozważyć śniadania z ograniczoną ilością węglowodanów (na korzyść większej ilości warzyw), jeżeli wyniki insuliny i glukozy na czczo są za wysokie.

Wpisując w wyszukiwarce „śniadania białkowo-tłuszczowe", zwykle wyskakują nam propozycje łączenia jajek z boczkiem, awokado i małą ilością warzyw. To przede wszystkim monotonne, ale również niezdrowe, bo 14 jajek w tygodniu to już lekka przesada, a do tego dochodzi tłuste mięso jako źródło nasyconych kwasów tłuszczowych. Warto się wysilić i przygotować zdrowsze wersje śniadań białkowo-tłuszczowych. Poniżej kilka propozycji:

1. Omlet z warzywami
2. Tofu na różne sposoby z warzywami
3. Ryba z warzywami
4. Twarożek z warzywami i pestkami dyni
5. Pasta guacamole z warzywami
6. Placki z twarogu lub serka wiejskiego z warzywami
7. Koktajl białkowo-warzywny
8. Jajecznica z warzywami
9. Jajko zapiekane z awokado z warzywami
10. Chłodnik z jajkiem
11. Pasty z orzechów i pestek z warzywami
12. Sałatki z rybą, jajkiem, kurczakiem lub tofu
13. Czystoziarnisty chleb z dodatkiem białkowym i warzywami
14. Placki i naleśniki na bazie mąki kokosowej
15. Pasta rybna z warzywami

Warzywa

To od nich powinnam rozpocząć opis poszczególnych produktów spożywczych, bo warzywa stanowią podstawę każdej piramidy żywienia, co oznacza, że spośród wszystkich grup produktów powinniśmy spożywać ich najwięcej. A jak jest? Niestety, spożycie warzyw spada, szczególnie w miesiącach jesienno-zimowych, ale również wiosną, bo szum wokół „niezdrowych nowalijek" zbiera swoje żniwo. A zdrowa dieta musi bazować na warzywach. Warzywa są najlepszym źródłem przeciwutleniaczy, witamin, składników mineralnych oraz błonnika.

Warzywa i owoce znajdują się w piramidzie żywienia na tym samym poziomie. Jednak proporcja spożycia warzyw w stosunku do owoców powinna wynosić 4:1. Dzienna minimalna porcja powinna wynosić 400 g warzyw i 100 g owoców. Owe 400 g to naprawdę minimum, gdyż im więcej warzyw jest w naszym menu, tym lepiej. Nie jestem zwolenniczką aptekarskiego wymierzania ilości spożytych warzyw, a plasterek pomidora czy liść sałaty nie załatwią zalecanych norm spożycia. Zatem jeszcze raz! Warzyw jemy do woli, ale zawsze do posiłku, a nie między posiłkami. Dlaczego? To przecież zdrowa przekąska! Owszem, zdrowa, ale warzywa również mają wartość energetyczną, a o podjadaniu była mowa już wcześniej. Jakie powinniśmy jeść warzywa przy insulinooporności? Spokojnie, z ręką na sercu, mogę powiedzieć, że wszystkie. Jak to, a marchewka i burak? Przecież mają wysoki indeks glikemiczny? Owszem, mają, ale jeżeli będą przygotowane na półtwardo i stanowić mały dodatek do kasz, mięsa czy ryby, nie widzę przeciwwskazań do sporadycznego ich spożywania. Nie mówimy tu o zupie marchewkowej czy kremie z buraków, bo takie danie faktycznie spowoduje szybki wzrost stężenia glukozy. Zabronione są również soki z tych warzyw, gdyż pozbawione są błonnika hamującego wchłanianie cukru, ale już surowe buraki i marchewka mogą być spożywane bez żadnych obaw. Jest jeszcze jeden produkt zaliczany do przeciwwskazanych w insulinooporności. To kukurydza. Zawiera bardzo dużo cukru i jest zbożem, a nie warzywem, więc nie można jej jeść bez ograniczeń.

W diecie osób z insulinoopornością bardzo ważne są zielone warzywa liściaste (kapusta, sałaty, jarmuż, szpinak, brukselka), które stanowią źródło kwasu foliowego, karotenu, witaminy C, wapnia, białka i żelaza. Istotne jest, żeby dużo warzyw spożywanych było na surowo, gdyż wtedy posiadają najwięcej wartości.

Warzywa to również najlepsze rozwiązanie na lekką kolację. Moi pacjenci są zazwyczaj wielkimi fanami zup. Gęste i odżywcze kremy warzywne, które można jeść aż do osiągnięcia uczucia sytości bez stresu o wysoką wartość energetyczną. Na kolację znakomite są również wszelkiego rodzaju sałatki, pieczone warzywa, leczo, twarożek z warzywami lub mięso, ryba, jajka w połączeniu z warzywami.

Należy czytać skład gotowych mieszanek warzyw, gdyż bardzo często mają one dodatek cukru (w zalewie) lub tłuszczu (w mrożonkach). Nie oznacza to, że mrożonki warzyw są złe. Wręcz przeciwnie. Mrożenie to najlepsza metoda przechowywania produktów, ale sięgajmy po oddzielne mrożonki, np. samego brokuła, kalafiora czy fasolkę szparagową ponieważ mieszanki, oprócz wspomnianych tłuszczów, zawierają często sosy na bazie masła czy śmietany, a w większości z nich znajduje się również kukurydza i smażone ziemniaki. Cały sukces tkwi w prostocie i sezonowości produktów.

Ziemniaki

Ziemniaki przez wiele osób coraz częściej zastępowane są kaszami, ryżem i makaronem, a przez inne osoby traktowane jako warzywo. Tymczasem stanowią one osobną grupę produktów spożywczych i ze względu na wiele wartości odżywczych powinny wchodzić w skład zdrowej, urozmaiconej diety.

Ziemniaki są bardzo dobrym źródłem skrobi i błonnika pokarmowego, zawierają natomiast małe ilości białka i tłuszczu. Pod względem zawartości witamin i składników mineralnych charakteryzują się dużym udziałem witaminy C oraz witamin z grupy B, potasu, magnezu, żelaza, fosforu i miedzi. Ze względu na znaczny udział potasu polecane są szczególnie osobom z nadciśnieniem, które jednak muszą ograniczać podaż sodu w diecie i dlatego zaleca się im solenie ziemniaków dopiero pod koniec gotowania. Ze względu na wysoki poziom potasu ziemniaki zmniejszają też ryzyko rozwoju cukrzycy typu 2. Zawierają również saponiny i antocyjany, ważne składniki w walce z chorobami układu krążenia.

Ziemniaki są niskoenergetyczne – 75 kcal/100 g – i lekkostrawne, jednak przygotowywane w niewłaściwy sposób podwyższają swoją kaloryczność i obciążają organizm. Dzieje się tak w przypadku smażenia ziemniaków oraz łączenia ich z ciężkimi sosami, śmietaną i masłem. Zdecydowanie lepszą alternatywę stanowią ziemniaki z wody z koperkiem czy pieczone z ziołami bez dodatku tłuszczu. Ziemniaki najlepiej poddać obróbce termicznej bez obierania, ponieważ ich skórka zawiera blisko dziesięć razy więcej przeciwutleniaczy niż miąższ.

Wiele osób rezygnuje ze spożycia ziemniaków z powodu ich wysokiego indeksu glikemicznego. Czy w takim razie osoby z insulinoopornością powinny rezygnować z ziemniaków? Oczywiście w tym przypadku zdecydowanie lepszym wyborem są kasze, ale małe ilości ziemniaków można spożywać, szczególnie po ich wystudzeniu. Nie wszystkie ziemniaki mają wysoki IG i tu poleca się szczególnie wartościowe bataty, czyli słodkie ziemniaki.

Bataty są głównym źródłem skrobi w diecie osób żyjących na Okinawie, narodu cechującego się najdłuższą żywotnością. Bataty ze względu na bogactwo beta karotenu charakteryzują się właściwościami przeciwnowotworowymi i zmniejszają ryzyko raka piersi, żołądka, pęcherza moczowego oraz jelita grubego.

Owoce

Owoce to niezwykle ważna grupa produktów spożywczych. Dostarczają wiele witamin, składników mineralnych i związków aktywnych jak przeciwutleniacze, ale jest jedno „ale". Owoce są źródłem cukrów – fruktozy i glukozy. Przyjmuje się, że spożycie fruktozy w ciągu całego dnia nie powinno przewyższać wartości 50 g. W tabeli przedstawiono średnią ilość fruktozy oraz glukozy w 100 g poszczególnych owoców. Zatem owoce w insulinooporności można jeść, chociaż w zdecydowanie mniejszej ilości niż warzywa. Ale powinno się je spożywać. W metaanalizie opublikowanej w roku 2015 stwierdzono, że 200 g owoców dziennie może wpływać na 13-procentowo mniejsze ryzyko rozwoju cukrzycy tupu 2 właśnie dzięki zawartości błonnika i związków fitoaktynych, jak np. witamina C.

Tabela: Zawartość fruktozy oraz glukozy w wybranych owocach.

Owoce	Zawartość fruktozy (g/100 g)	Zawartość glukozy (g/100 g)
Grejpfrut	1,2	2,0
Pomidor	1,2	1,6
Pomarańcza	1,8	2,0
Śliwka	3,4	5,2
Arbuz	3,4	1,6
Banan	3,5	4,5
Jabłko	5–5,9	1,7–2,4
Gruszka	6,5	2–3
Rodzynki	29,8	27,5

Przede wszystkim należy pamiętać, aby spożywać owoce według określonych norm dla populacji, ustalonych przez Instytut Żywności i Żywienia, które wynoszą 2–3 porcje tej grupy produktów na dzień (około 250 g). Owoce zawierają znaczne ilości witamin oraz składników mineralnych. Należy jednak zwrócić uwagę, aby tak samo jak w przypadku innych grup produktów, były jak najmniej przetworzone. Nie należy więc spożywać owoców suszonych i owoców w syropach z puszki ze względu na ich wyższy indeks glikemiczny, oraz ograniczyć spożycie takich świeżych owoców jak banan, czereśnie, winogrona czy arbuz. Zaleca się także rezygnację ze spożywania owoców w postaci soków, nektarów i napojów – wyższy jest w nich poziom cukrów prostych, a praktycznie pozbawione są błonnika pokarmowego (obecnego w całych owocach czy koktajlach), który spowalnia wchłanianie fruktozy i daje uczucie sytości. Przeciwwskazane są również wszelkiego rodzaju dżemy, konfitury, owoce w żelach i powidła.

Owoce i ewentualnie rozcieńczony sok owocowy w przypadku insulinooporności najlepiej spożywać po posiłku, ponieważ wtedy nie podnoszą tak szybko stężenia glukozy w organizmie. Nie należy jadać ich na czczo i samodzielnie, a zawsze w połączeniu np. z nabiałem, orzechami, pestkami czy pełnoziarnistymi zbożami. Koktajle owocowe w insulinooporności? Jak najbardziej, ale wyłącznie z całych owoców i odpowiednio skomponowane z dodatkiem mleka, jogurtu, kefiru lub maślanki, z domieszką płatków zbożowych, orzechów, nasion czy nawet zmiksowanego siemienia lnianego. Takie koktajle są bezpieczne i sycą na dłużej. Z jakich owoców najlepiej komponować posiłki w insulinooporności? Najlepsze są owoce jagodowe (jeżyny, borówki, maliny, jagody, truskawki) oraz takie, które są mniej dojrzałe. Należy wybierać twardsze gruszki, jabłka, śliwki, mniej słodkie pomarańcze i inne owoce. Szczególnie polecany jest również grejpfrut, ale z jego spożyciem należy uważać, żeby nie zaburzył wchłaniania leków.

Mleko i przetwory mleczne

Nie ma badań potwierdzających słuszność rezygnacji z mleka i jego przetworów w przypadku insulinooporności. Wręcz przeciwnie, badania pokazują, iż u osób spożywających nabiał istnieje mniejsze ryzyko rozwoju cukrzycy typu 2. Wszystko jednak należy jeść w odpowiednich ilościach.

Większość nabiału, a zwłaszcza samo słodkie mleko zawiera laktozę – cukier mleczny. Niektóre osoby po spożyciu czystego mleka zauważają wzrost stężenia glukozy, nawet jeżeli dodana jest niewielka jego ilość, np. do kawy. Dlatego przed decyzją o rezygnacji z mleka należy obserwować swój organizm i nie ulegać modzie czy ogólnym zaleceniom, które możemy znaleźć w internecie. Osoby z podwyższonymi wartościami glukozy i insuliny na czczo powinny unikać spożywania mleka w pierwszym posiłku.

Mleko nie jest produktem niezastąpionym. Wapń możemy czerpać również z wielu produktów roślinnych. Zaleca się natomiast stosowanie fermentowanych produktów mlecznych jak jogurt, kefir czy maślanka oraz twaróg. Produkty mleczne są dobrym źródłem białka, na które rośnie zapotrzebowanie w przypadku insulinooporności. Należy wybierać produkty naturalne, bez dodatku cukru oraz z niższą zawartością tłuszczu, ale nie beztłuszczowe. Przeciwwskazane są wszelkiego rodzaju słodzone mleka, mleko zagęszczone, słodkie desery mleczne oraz śmietanka, ser żółty, sery pleśniowe, sery topione, majonez, ze względu na ich wysoką wartość energetyczną.

Nadmiar produktów mlecznych w diecie obserwuje się w wśród osób, które rezygnują z produktów zbożowych. Nie pozostaje to bez wpływu na funkcjonowanie organizmu. Nadmiar białka obciąża przede wszystkim nerki i wątrobę. Zaleca się spożywanie dwóch porcji nabiału dziennie. Za porcję przyjmuje się $^3/_4$ szklanki jogurtu, kefiru, maślanki lub 100 g twarogu.

Mięso, ryby, jajka

W przypadku insulinooporności nie istnieją żadne specjalne zalecenia dotyczące spożycia mięsa, ryb oraz jaj, ponieważ są to produkty o niskim indeksie glikemicznym ze względu na to, że nie stanowią źródła węglowodanów, tylko białka i tłuszczu. Dlatego też zalecenia spożycia tej grupy produktów zależą przede wszystkim od preferencji oraz schorzeń towarzyszących, jak np. problemy kardiologiczne. Aby jednak dieta była w pełni urozmaicona i zbilansowana, nie należy posiłków z mięsem komponować codziennie. To dla wielu osób ciężkie zalecenie, ale najlepiej ograniczyć się do trzech dni w tygodniu. Ze względów zdrowotnych warto zrezygnować z mięsa wieprzowego i koniecznie z produktów mięsnych wysokoprzetworzonych, jak parówki, salami, kiełbasy, mortadela i inne wędliny, tłuste przetwory mięsne (salceson, słonina, smalec, golonka itp.). I to nie wyłącznie z powodu dużej zawartości tłuszczów nasyconych, cholesterolu i wysokiej wartości energetycznej, ale przede wszystkim ze względu na zawarte w nich szkodliwe dodatki. Ryby natomiast powinny występować w diecie dwa razy w tygodniu. Najlepiej ryby morskie – halibut, łosoś, tuńczyk, śledź i makrela, bogate w kwasy omega-3. Jeżeli borykamy się dodatkowo z nadciśnieniem tętniczym krwi, lepiej zrezygnować z ryb wędzonych i konserwowych. Najlepszą metodą obróbki termicznej, zarówno mięsa jak i ryb, jest pieczenie, duszenie, grillowanie i gotowanie na parze. Należy zrezygnować ze smażenia, a jeśli już, to ewentualnie na patelni beztłuszczowej bez wcześniejszego panierowania mięsa i ryb. Jajka zawierają dużo pełnowartościowego białka, witaminy A, D, z grupy B oraz składników mineralnych, a szczególnie żelaza. Wskazane jest spożywanie do 10 jajek w tygodniu, z tym, że warto zaznaczyć, że jajka nie są nabiałem (nie pochodzą z mleka) i stanowią wymiennik mięsa i ryb. Dlatego też jajka najlepiej jeść w dniach, w których rezygnujemy z mięsa. Dwa jajka stanowią zamiennik 150 g mięsa lub ryby.

Suche nasiona roślin strączkowych

Grupa produktów kiedyś głównie kojarzona z fasolką po bretońsku lub grochówką. Teraz, gdy pytam moich pacjentów, czy jedzą rośliny strączkowe, już nie odpowiadają: Tak, najczęściej słonecznika i dynię, tylko: Tak, uwielbiam hummus. Bardzo mnie to zjawisko cieszy. Przy obecnym trendzie kuchni roślinnej coraz częściej jadamy soczewicę, groszek, fasolę, bób, tofu i produkty sojowe oraz mającą trzy razy więcej żelaza niż mięso ciecierzycę.

Do roślin strączkowych należą: gotowane i suszone fasole (fasola adzuki, fasola anasazi, czarna fasola, biała fasola nakrapiana, fasola cannellini, ciecierzyca, bób, fasola biała typu great northern, fasola czerwona, fasola lomejska, fasola biała, fasola pinto, soja), soczewica, groch, i soja. Rośliny strączkowe to też okra i groch cukrowy. Produkty te są dobrym źródłem pełnowartościowego białka roślinnego, błonnika, potasu, fosforu, magnezu, cynku, żelaza i witamin z grupy B. Na uwagę zasługuje w szczególności ciecierzyca, która jest jednym z najbogatszych źródeł żelaza, oraz soja zawierająca prozdrowotne kwasy omega-3. Suche nasiona roślin strączkowych również, tak jak jajka, stanowią zamiennik mięsa. Na 150 g mięsa czy ryby przypada wymiennie 1,5 szklanki ugotowanych roślin strączkowych. Ale dlaczego nie opisałam ich w grupie wcześniejszej? Ponieważ oprócz dużej ilości białka stanowią również źródło węglowodanów, co z punktu insulinooporności nie pozostaje bez znaczenia. Nie należy jednak uważać, tak jak robi to wiele osób, że rośliny strączkowe są dobrym wymiennikiem kasz, ryżu i makaronu, czyli produktów zbożowych. Owszem, zawierają pewną ilość węglowodanów, ale nie aż tyle, co właśnie zboża. Przy zaburzeniach gospodarki węglowodanowej, tak samo jak w przypadku ziemniaków, rośliny strączkowe najlepiej jeść lekko ostudzone lub zimne, np. jako pastę do kanapki, dodatek do sałatki czy w postaci pasztetu, w małych porcjach.

Prawidłowe przygotowanie suchych nasion roślin strączkowych warunkuje polepszenie strawności, zmniejszenie ilości zawartych w nich substancji wzdymających oraz antyodżywczych.

Nasiona roślin strączkowych należy:

- Moczyć w zimnej wodzie przez kilka godzin (najlepiej całą noc)
- Gotować przez 10 minut w świeżej wodzie, na dużym ogniu bez przykrycia
- Następnie gotować na małym ogniu pod przykryciem, aż do uzyskania miękkości
- Zaleca się również gotowanie z dodatkiem glonu.

Tabela: Szczegółowy sposób obróbki termicznej nasion roślin strączkowych.

Lp.	Rodzaj rośliny strączkowej	Czy moczyć (8–12 godzin)	Czas gotowania	Szybkowar
1.	Bób	tak	1,5 godziny	40 minut
2.	Fasola adzuki	tak	45 minut	15 minut
3.	Fasola biała	tak	60–90 minut	25–30 minut
4.	Fasola cannellini	tak	45–50 minut	15 minut
5.	Fasola czarna	tak	50–60 minut	20 minut
6.	Fasola czerwona	tak	45–50 minut	15 minut

Lp.	Rodzaj rośliny strączkowej	Czy moczyć (8–12 godzin)	Czas gotowania	Szybkowar
7.	Fasola flageolet	tak	45–50 minut	15 minut
8.	Fasola mung	tak	30–45 minut	15 minut
9.	Fasola perłowa	tak	50–60 minut	20 minut
10.	Fasola pinto	tak	60–90 minut	25–30 minut
11.	Fasolnik chiński	tak	45–50 minut	15 minut
12.	Groch włoski/cieciorka	tak	60–90 minut	25–30 minut
13.	Groch (całe ziarna)	tak	60–90 minut	25–30 minut
14.	Groch (połówki)	nie	40–45 minut	
15.	Lędźwian	tak	50–60 minut	20 minut
16.	Soczewica (całe ziarna)	nie	30–45 minut	12–15 minut
17.	Soczewica (połówki)	nie	15–30 minut	
18.	Soja	tak	2–2,5 godziny	45–50 minut

Tłuszcze

Pod pojęciem tłuszcze zwykle kryją się oleje. Ale ja jestem ich zwolenniczką jedynie jako niewielkiego dodatku do potraw w codziennej diecie. Znacznie lepszym źródłem lipidów są produkty naturalne, czyli nasiona, pestki, orzechy, oliwki, awokado, z których zresztą także wytłaczany jest olej. Dlaczego one? Bo obok tłuszczu dostarczają również witamin i składników mineralnych oraz pewnych ilości białka i węglowodanów. Pamiętajmy, że jemy nie tylko dla smaku, którego tłuszcz jest nośnikiem, ale głównie po to, aby dostarczyć organizmowi wszystkie składniki niezbędne do jego prawidłowego funkcjonowania. W prewencji cukrzycy zaleca się codzienne spożycie 30 g orzechów. Ze względu na wysoką koncentrację kwasów omega-3 do najzdrowszych orzechów zalicza się orzechy włoskie, ale w celu urozmaicenia diety nie należy zapominać o orzechach laskowych czy migdałach bogatych w wapń. Do tego sezam, pestki dyni, słonecznik, nasiona chia, siemię lniane, nasiona konopne – samo zdrowie. Jednak przez ich dość znaczną wartość energetyczną nie powinno się przekraczać 30 g dziennie. Taka porcja zdecydowanie doda potrawom smaku, a nam zdrowia. Jeżeli natomiast stosujemy oleje, to najlepiej wybierać te bogate w kwasy omega-3, czyli olej rzepakowy (na ciepło i na zimno) oraz olej lniany (na zimno).

Tłuszcz stosowany jest jako dodatek do surówek, ciast, deserów, zup i wielu innych potraw. Ocenia się, że nawet 55% spożywanej żywności to produkty smażone właśnie na tłuszczu. Pod względem zdrowotnym zaleca się ograniczenie smażenia jako obróbki termicznej, jednak z technologicznego punktu widzenia tłuszcz kształtuje konsystencję produktu, a przede wszystkim stanowi nośnik substancji smakowych. Dodatkowym atutem smażenia jest jego szybkość i wygoda.

Jakość tłuszczu stosowanego do smażenia ma bardzo duże znaczenie, gdyż jego wchłanianie do smażonych produktów dochodzi nawet do 40%. Analizując rodzaj medium smażalniczego wykazano, że najmniejsze ilości tłuszczu absorbują potrawy smażone na oleju rzepakowym.

Pod wpływem temperatury, zarówno w tłuszczu, jak i w produkcie zachodzą zmiany fizykochemiczne wpływające na obniżenie wartości odżywczej redukcją zawartości witamin A, D, E i K, fosfolipidów, NNKT (niezbędne nienasycone kwasy tłuszczowe). Następuje zmniejszenie strawności i przyswajalności, zwiększa się ryzyko podrażnienia układu pokarmowego oraz przede wszystkim tworzą się związki niebezpieczne dla zdrowia człowieka. Szybkość degradacji tłuszczu zależy od jego rodzaju, rodzaju i ilości smażonej żywności, warunków smażenia, dostępności tlenu, obecności wody oraz obecności naturalnych i syntetycznych przeciwutleniaczy. Dobór rodzaju tłuszczu do smażenia ma fundamentalne znaczenie.

Materiał, z jakiego wykonane jest naczynie, również ma znaczący wpływ na zmiany zachodzące w oleju podczas smażenia. Najszybciej olej degraduje się podczas ogrzewania w naczyniu ze stali nierdzewnej, a najwolniej (wolniej o 50%) w naczyniu szklanym bądź pokrytym teflonem.

Obecnie na rynku dostępny jest szeroki asortyment tłuszczów smażalniczych. Można wyróżnić następujące kategorie: tłuszcze stałe pochodzenia roślinnego, tłuszcze uwodornione (z których częściowo lub całkowicie wyeliminowano wielonienasycone kwasy), tłuszcze o obniżonej zawartości WNKT (wielonienasycone kwasy tłuszczowe), np. wysokooleinowe oleje – sojowy, słonecznikowy, rzepakowy, mieszaniny tłuszczów oraz namiastki tłuszczów, np. olestra.

Umiejętny wybór tłuszczu do smażenia powinien uwzględniać przede wszystkim skład kwasów tłuszczowych. Idealne medium smażalnicze charakteryzuje się:

- Jak najmniejszym udziałem nasyconych kwasów tłuszczowych (SAFA) – <15%
- Znaczną ilością jednonienasyconych kwasów tłuszczowych (MUFA) – >75%, głównie kwas oleinowy
- Zawartością wielonienasyconych kwasów tłuszczowych (PUFA) – <15% (omega-6) oraz <1,5% (omega-3)
- Brakiem zawartości kwasów tłuszczowych w konfiguracji trans, wyjątkowo negatywnie wpływających na zdrowie.

Dodatkowo zwraca się uwagę na jasną barwę, przyjemny smak i zapach oraz punkt dymienia, minimum 200°C.

Najwyższą odpornością na procesy utleniania (stabilność) podczas smażenia posiadają tłuszcze z dużą zawartością kwasu oleinowego, które posiadają też walory zdrowotne (korzystny wpływ na układ krążenia). Naturalnymi źródłami tłuszczu wysokooleinowego są oliwki i orzechy laskowe. W składzie oleju rzepakowego kwas oleinowy stanowi 65% całkowitej puli kwasów tłuszczowych.

Ilość szkodliwych związków powstających w czasie smażenia zależy od zawartości w olejach wielonienasyconych kwasów tłuszczowych – kwasu linolowego oraz linolenowego. Kwas tłuszczowy linolowy utlenia się 2–4 razy szybciej, a linolenowy nawet 10–20 razy szybciej niż kwas oleinowy. Głównym źródłem tych kwasów są oleje: sojowy, słonecznikowy, z pestek winogron, z pestek dyni, sezamowy, lniany. Dlatego też wymienione oleje powinny być stosowane jedynie na zimno, ze szczególną uwagą na olej lniany, bogaty w wielonienasycone kwasy tłuszczowe omega-3 (kwas linolenowy).

Olej słonecznikowy ze względu na znaczny udział kwasów omega-6 (69%) jest bardzo podatny na utlenianie, natomiast olej rzepakowy i oliwa z oliwek posiadają znacznie większą stabilność oksydacyjną. Nawet w oleju słonecznikowym wysokooleinowym przemiany hydrolityczne zachodzą zdecydowanie intensywniej w porównaniu z tradycyjnym olejem rzepakowym.

Olej rzepakowy otrzymywany obecnie zawiera jedynie od 2 do 5% kwasu erukowego, charakteryzuje się najniższą zawartością nasyconych kwasów tłuszczowych, ma bardziej delikatny smak i zapach w porównaniu z innymi olejami roślinnymi. Zawiera związki wpływające na większą ochronę przeciwutleniającą oraz posiada wysoką temperaturę dymienia (242°C). Instytut Żywności i Żywienia do smażenia rekomenduje stosowanie oleju rzepakowego oraz oliwy z oliwek.

Słodycze

Choć nie znajdują się w piramidzie zdrowego żywienia, czyli nie powinny być spożywane codziennie, to jednak słodycze zajmują ważne miejsce w diecie większości osób. Zgodnie z zaleceniami WHO cukry dodane (a właściwie cukry tzw. „wolne", uwzględniające również cukry pochodzące z soków) powinny dostarczać nie więcej niż 10% – a według najnowszych zaleceń – nie więcej niż 5% – całodziennego zapotrzebowania energetycznego.

W przypadku diety 2000 kcal jest to 50 g cukrów (dla 10% energii) lub 25 g cukrów (dla 5% energii). W przypadku młodszych dzieci (4–6 lat), gdy norma na energię wynosi 1400 kcal, cukry proste dodane nie powinny przekraczać 17,5 g dziennie (1 łyżeczka to 5 g).

Czy my potrzebujemy cukru? Przy insulinooporności bardzo często występuje coś takiego jak nagła chęć zjedzenia czegoś słodkiego po obiedzie. Następuje spadek koncentracji i bardzo duża senność. Nasz mózg czerpie energię jedynie z glukozy i podczas intensywnej pracy umysłowej można się wspomóc czymś słodkim, ale mimo wszystko lepiej pozyskiwać energię na stałym poziomie przez cały dzień, co gwarantuje utrzymanie koncentracji. W insulinooporności nie jest to jednak dobre rozwiązanie, gdyż większa dawka cukru powoduje większy wyrzut insuliny.

Swoim pacjentom z nadmierną masą ciała zawsze tłumaczę rolę racjonalnej diety. Wyjaśniam, że wszystko jest dla ludzi, byle w odpowiednich ilościach, i zamiast dużych restrykcji, które spowodują, że szybko porzucamy dietę mającą spowodować redukcję masy ciała, lepiej jest raz na jakiś czas zjeść coś mniej zdrowego w małych ilościach. I tak dochodzimy zawsze do tematu słodyczy. Jeżeli ktoś nie wyobraża sobie bez nich życia, a i tak jest już zestresowany koniecznością rozpoczęcia prawidłowej diety, to nie widzę przeciwwskazań do zjedzenia małej ilości słodyczy 1–2 razy w tygodniu. Zwłaszcza że kiedy dana osoba zaczyna spożywać regularne posiłki bogate w węglowodany złożone i błonnik, czyli np. kasze, warzywa, raptem mija jej chęć na słodycze, ponieważ nie dochodzi do gwałtownych spadków stężenia glukozy w organizmie i zwykle nie znajduję tych słodyczy w dzienniczkach żywieniowych.

W przypadku insulinooporności moje podejście jednak trochę się zmienia. Dlaczego? Bo to poważny problem zdrowotny, a nie tylko zmaganie się z nadmiernymi kilogramami i lepiej jednak całkowicie zrezygnować ze słodyczy. Od słodkiego smaku można się odzwyczaić, a zwykle moim pacjentom wystarczą naturalnie słodkie owoce, jak również, przez większość osób lubiana, gorzka czekolada. Gorzka czekolada zawiera dużo kakao, a ono jest źródłem głównie tłuszczu. Dlatego gorzka czekolada ma niski indeks glikemiczny i może być spożywana w umiarkowanych ilościach przez osoby z insulinoopornością. Dobrą alternatywą są również koktajle owocowo-warzywne lub owocowe z dodatkiem płatków lub orzechów i nasion, które zawierają całe owoce, a więc również błonnik pokarmowy, który spowalnia wchłanianie fruktozy. Nadal brakuje czegoś słodkiego? Można sięgnąć po dodatek ksylitolu, cukru brzozowego, który nie stymuluje trzustki do wydzielania insuliny.

Do głównych źródeł węglowodanów prostych zaliczamy przede wszystkim cukier, którym dosładzamy herbatę. Jednak największym problemem są tu przetworzone produkty zbożowe – płatki śniadaniowe, białe pieczywo, makarony, ryż, drobne kasze pozbawione witamin i błonnika pokarmowego, który opóźnia wchłanianie cukru do komórek. Dodatkowo soki i napoje, słodkie desery mleczne, owoce spożywane w nadmiarze i oczywiście typowe słodycze. W obecnych czasach mamy nieograniczony dostęp do rosnącej puli przetworzonych produktów, a co za tym idzie cukru spożywamy zdecydowanie w nadmiarze, czego konsekwencją są przede wszystkim nadwaga, otyłość, cukrzyca i inne choroby wynikające z tych zaburzeń metabolicznych. Dodatkowo pojawiają się zaburzenia wchłaniania witamin, próchnica zębów oraz spadek odporności. Wykazano również wpływ nadmiaru cukru w diecie na problemy behawioralne, nadpobudliwość, wzmożony niepokój oraz zespół chronicznego zmęczenia.

Nasz organizm nie rozpoznaje, jakiego rodzaju cukier dostał. Cukier to cukier, a końcowy efekt jego działania jest zawsze taki sam. Korzystając z zamienników typowej sacharozy, możemy dostarczyć do organizmu pewne witaminy i odrobinę błonnika zawarte np. w melasie, jednak cukier hamuje wchłanianie witamin (głównie z grupy B), co skutkuje błędnym kołem. Zamienniki, takie jak np. cukier trzcinowy, mają niższą wartość energetyczną i indeks glikemiczny od standardowego cukru, co może stanowić profilaktykę otyłości i cukrzycy.

Dowody naukowe wskazują, że cukier uzależnia, wpływając na mózg i stymulując wydzielanie tzw. hormonów szczęścia: dopaminy, serotoniny i endorfin. Cukier, mający w swoim składzie glukozę, działa na mózg pobudzająco. Po spożyciu cukru nasz mózg bardzo szybko otrzymuje zastrzyk energii, dzięki której lepiej pracuje. Tak samo szybko glukoza trafia do wszystkich tkanek naszego organizmu. Ale jest to efekt bardzo krótkotrwały. Stężenie glukozy we krwi szybko spada wskutek działania insuliny, czego efektem jest równie szybki jak wzrost, spadek energii. Ponadto, gdy spożywamy cukier zbyt często i w zbyt dużych ilościach, komórki naszego organizmu mogą się uodpornić na działanie insuliny, co w dalszym efekcie przyczynia się do rozwoju cukrzycy i chorób naczyniowo-sercowych. Kiedy zbyt dużo niezagospodarowanego cukru krąży we krwi, szybko odkłada się on w formie tkanki tłuszczowej.

Ludzie szybko uzależniają się od cukru również dlatego, że ma on przyjemny, słodki smak. Trzeba wiedzieć, że jest to pierwszy smak, który poznajemy w naszym życiu, jako że pierwsze mleko matki (siara) ma właśnie słodki smak. Aby wyzwolić się z cukrowego nałogu, trzeba nastawić się na długą i żmudną walkę. Nie da się tego osiągnąć w sposób nagły, szokowy. Najlepiej odzwyczajać się od cukru stopniowo. Na przykład jeśli ktoś słodzi herbatę trzema łyżeczkami cukru, to najpierw powinien zredukować liczbę łyżeczek do dwóch, potem do jednej, aż w końcu będzie gotowy do opcji zero cukru. Naukowcy dowiedli, że najkrótszy czas niezbędny do uzyskania trwałej zmiany złego nawyku żywieniowego to 28 dni. Tyle trzeba wytrzymać, żeby osiągnąć przełom, ale oczywiście potem też nie jest wcale łatwo, zważywszy na otaczającą nas wszędzie liczbę słodkich pokus i okazji towarzyskich.

W rzuceniu cukru pomaga też regularne spożywanie posiłków. Chroni nas to przed gwałtownymi skokami poziomu glukozy we krwi i napadami wilczego głodu. Pamiętajmy, że w głodzie nasz organizm może rozpaczliwie wołać o cukier, gdyż jest on łatwo dostępnym, smacznym i do tego najszybciej działającym źródłem energii. W zwalczaniu słodkiego nałogu ważny jest również skład naszej diety. Jeśli zamienimy biały chleb na pieczywo pełnoziarniste, to zawarty w nim błonnik zwiększy nasze uczucie sytości, przez co będziemy mieć mniejszą pokusę, aby sięgnąć po dodatkową przekąskę. W zmniejszaniu apetytu na słodycze może też pomóc suplementacja chromu, choć lepiej nie robić tego na własną rękę, lecz pod okiem lekarza lub doświadczonego dietetyka. Szczególnie ciężko łasuchom jest się odzwyczaić od słodyczy czekoladowych, a to dlatego, że poza cukrem, zawierają one również inne substancje pobudzające i wywołujące przyjemne doznania, takie jak np. teobramina czy fenyloalanina (występujące w kakao).

Odkąd cukier jest tak bardzo słusznie krytykowany, syrop glukozowo-fruktozowy w produkcji stał się jego najczęstszym i najtańszym zamiennikiem, ale na pewno nie stanowi jego zdrowszej alternatywy. Jego szerokie zastosowanie i częste spożycie przyczynia się do rozwoju wielu zaburzeń, a w tym chorób metabolicznych. Z technologicznego punktu widzenia syrop glukozowo-fruktozowy nie różni się od cukru. Jest biochemicznie podobny do naturalnej sacharozy, a powstaje przez podanie syropu kukurydzianego procesowi enzymatycznemu, w wyniku którego mniej więcej połowa glukozy zamienia się we fruktozę, tak że cała mieszanka zyskuje na słodkości. Pod względem technologicznym stosowanie syropu ma wiele zalet – odznacza się dużą rozpuszczalnością, małą lepkością, wysoką stabilnością mikrobiologiczną oraz jest znacznie tańszy niż inne zamienniki cukru.

O ile metabolizm glukozy zachodzi we wszystkich narządach, o tyle fruktoza metabolizowana jest niemal wyłącznie w wątrobie. Ze względu na tę specyfikę, składnik ten może wywołać każdy z procesów towarzyszących zespołowi metabolicznemu. Podczas przemian syropu glukozowo-fruktozowego dochodzi do:

- Wytwarzania kwasu moczowego, który zwiększa ciśnienie tętnicze krwi i wywołuje dnę moczanową (podagrę)

- Wytwarzania w mitochondriach nadmiaru acetylo CoA (koenzym A) zamienianego się szybko w tkankę tłuszczową, co zwiększa ryzyko rozwoju chorób układu krążenia
- Rozwoju insulinooporności wątroby, a następnie do rozwoju cukrzycy
- Rozwoju niealkoholowego stłuszczenia wątroby
- Rozwoju otyłości, a zwłaszcza odkładania się wisceralnej tkanki tłuszczowej (narządowej), która ma największy wpływ na rozwój zespołu metabolicznego
- Rozwoju niektórych nowotworów
- Blokowania sygnału hormonu leptyny, a co za tym idzie ciągłej sygnalizacji podwzgórza o braku uczucia sytości
- Zmniejszenia szczelności jelit, przedostawaniu się bakterii do układu krwionośnego i powstania zespołu nieszczelnego jelita, który zwiększa ryzyko stanów zapalnych i tworzenia się wolnych rodników
- Zaburzenia metabolizmu miedzi – zahamowania produkcji elastyny i kolagenu, anemii, osłabienia naczyń krwionośnych, osłabienia tkanki kostnej
- Zmniejszenia działania białych krwinek – obniżenia zdolności systemu immunologicznego
- Spożywania genetycznie zmodyfikowanej kukurydzy, z której wytwarzany jest syrop glukozowo- fruktozowy.

Syrop glukozo-fruktozowy stosowany jest przede wszystkim w napojach i słodyczach, napojach bezalkoholowych, sokach owocowych, lodach, dżemach, galaretkach, wyrobach cukierniczych, syropach, napojach izotonicznych i energetycznych, konserwach, gotowych sosach i marynatach, wyrobach garmażeryjnych i niektórych wędlinach. Niestety znajduje się również w wielu produktach, które powszechnie utożsamiane są ze zdrową żywnością, np. mleczne napoje fermentowane, sery twarogowe. Istotne jest zatem czytelne znakowanie produktów spożywczych oraz wiedza konsumenta na temat wpływu tego dodatku na zdrowie, pozwalające na świadomy wybór produktów spożywczych.

Substancje słodzące

Substancje słodzące to, zgodnie z definicją podaną przez Parlament Unii Europejskiej w roku 2008, związki stosowane do nadania środkom spożywczym słodkiego smaku lub stosowane w słodzikach stołowych. Znalazły szerokie zastosowanie przede wszystkim w przemyśle spożywczym oraz farmaceutycznym. Stosowanie sztucznych słodzików jest dopuszczalne na terenie Unii Europejskiej, pod warunkiem że ich zawartość nie przekracza dopuszczalnego dziennego spożycia, tzw. ADI (ang. *Acceptable Daily Intake*). ADI odzwierciedla ilość 100-krotnie niższą niż maksymalny poziom, przy którym nie obserwuje się jakichkolwiek efektów w badaniach na zwierzętach. W przypadku naturalnych substancji słodzących przyjęta jest zasada *quantum satis*, czyli stosowanie w niezbędnej ilości.

Stanowisko Polskiego Towarzystwa Diabetologicznego oraz Polskiego Towarzystwa Badań nad Otyłością potwierdza bezpieczeństwo stosowania niskokalorycznych substancji słodzących i rekomenduje stosowanie ich przez osoby z nadmierną masą ciała i zaburzeniami gospodarki węglowodanowej, pod warunkiem nieprzekroczenia ich bezpiecznego poziomu spożycia. Tymczasem badanie Multi-Ethnic Study of Atherosclerosis (MESA – wieloletnie stiudium miażdżycy prowadzone w USA) wykazało, że spożycie napojów z substancjami słodzącymi innymi niż sacharoza co najmniej raz dziennie wiąże się z istotnie wyższym ryzykiem występowania wybranych komponentów zespołu metabolicznego oraz może negatywnie wpływać na florę bakteryjną, a w konsekwencji również podnosić poziom insuliny. Równocześnie wyniki innych badań nie potwierdzają zwiększonego ryzyka niektórych nowotworów, więc w tym przypadku substancje słodzące są bezpieczne.

Ze względu na drogę pozyskiwania, substancje słodzące dzieli się na półsyntetyczne substancje słodzące oraz intensywne substancje słodzące. Różnią się one pochodzeniem, składem chemicznym, wartością energetyczną oraz stopniem natężenia słodkiego smaku.

Półsyntetyczne substancje słodzące, zwane również wypełniaczami, pod względem budowy chemicznej są poliolami, czyli cukrami alkoholowymi. Naturalnie występują one w owocach, otrębach zbożowych, trawach, mchach, wodorostach oraz grzybach, ale również w moczu, krwi, płynie mózgowo-rdzeniowym i owodniowym ssaków. Poliole dzięki dyfuzji biernej (transport przebiegający bez udziału energii) są znacznie wolniej absorbowane i dlatego nie powodują tak gwałtowanego skoku stężenia glukozy i wydzielania insuliny jak sacharoza. Są bezpieczne, ich dopuszczalne pobranie nie jest ustalone, ale większe ich ilości mogą powodować efekt przeczyszczający. Dlatego też zaleca się nie przekraczać dziennej dawki 15–50 g. Półsyntetyczne substancje słodzące nie ulegają procesowi utleniania przez bakterie próchnicze, przez co nie są metabolizowane do kwasów niszczących szkliwo.

Intensywne substancje słodzące to substancje dodatkowe w żywności. Muszą przejść szereg badań w celu określenia ich wpływu na organizm człowieka oraz wyznaczenia ADI (dopuszczalnego dziennego spożycia). Na razie nie ma opracowanych jasnych kryteriów oceniających sumaryczną ilość wszystkich tych substancji. Grupa ta wyzwala najwięcej kontrowersji w wielu debatach naukowych i społecznych.

Tabela: Wykaz najczęściej stosowanych substancji słodzących, poziom ich słodkości w porównaniu z sacharozą (=1), wartość energetyczną oraz ADI substancji słodzących.

Substancja słodząca	Symbol	Poziom słodyczy	Energia kcal/g	ADI mg/km m.c
Intensywne substancje słodzące				
Acesulfam K	E950	200	0	0–11
Aspartam	E951	200	4	0–40
Cyklaminiany	E952	50	0	0–9
Sacharyna	E954	500	0	0–5
Sukraloza	E955	600	0	0–15
Taumatyna	E957	2000–3000	4	–
Neohesperydyna DC	E959	400–2000	0	0–5
Glikozydy stewiolowe	E960	300	Bd	0–4
Neotam				
Sól aspartamu i aseculfamu	E961	7000–13000	0	0–2
	E962	350–400	4	0–15

Substancja słodząca	Symbol	Poziom słodyczy	Energia kcal/g	ADI mg/km m.c
Półsyntetyczne substancje słodzące				
Sorbitol	E420	0,6	2,6	–
Mannitol	E421	0,6	1,6	–
Izomalt	E953	0,5	Bd	–
Maltitol	E965	0,8	2,1	–
Laktitol	E966	0,4	2	–
Ksylitol	E967	1	2,4	–
Erytrytol	E968	0,8	0,2	–

Glikozydy stewiolowe pozyskuje się z liści rośliny o nazwie stewia, (łac. *Stevia Rebaudiana*). W wielu krajach Ameryki Południowej i Japonii stosowane od setek lat, zaś w krajach Unii Europejskiej dopuszczone w roku 2011, gdy EFSA (Europejski Urząd ds. Bezpieczęństwa Żywności) potwierdziła bezpieczeństwo stosowania wyciągu z liści stewii. Młode liście zawierają większe ilości żelaza, miedzi, manganu i cynku. Zauważono także pozytywny wpływ stewii na szybkość gojenia się ran oraz jej przeciwgrzybicze i przeciwbiegunkowe działanie. Stewia wywołuje efekt hipotensyjny (obniżający ciśnienie) u osób z nadciśnieniem tętniczym. Badanie kliniczne w grupie osób z cukrzycą typu 2 otrzymujących posiłki, w składzie których był 1 g stewiozydu, wykazało korzystny wpływ na metabolizm glukozy w organizmie. Jest to substancja odporna na ogrzewanie. Słabo wchłania się z przewodu pokarmowego, ulega hydrolizie do stewiolu pod wpływem mikroflory jelita grubego. Substancja ta jest całkowicie bezpieczna dla człowieka, mimo to nie jest rekomendowana dla kobiet w ciąży i karmiących piersią, ze względu na brak badań klinicznych na tej grupie.

W celu nadania słodkiego smaku intensywne substancje słodzące mogą być stosowane w wielokrotnie niższych dawkach niż cukier buraczany, a ich słodycz zwiększa się dodatkowo przy łączeniu z innymi substancjami słodzącymi o działaniu synergicznym, jak np. aspartam, w połączeniu z acesulfamem K powoduje zwiększenie intensywności smaku o 60% w stosunku do pojedynczej substancji. Aspartam dodatkowo wzmacnia aromat owocowy, aneohesperydyna DC łagodzi ostrość smaku gorzkiego, a taumatyna maskuje metaliczny posmak, np. w produktach niskosodowych z chlorkiem potasu.

Ksylitol to najsłodszy związek spośród cukrowców. Otrzymywany jest z kory drewna, przede wszystkim brzozy, stąd nazywany jest również cukrem brzozowym. Jego metabolizm jest niezależny od insuliny i tylko nieznacznie podnosi stężenie glukozy we krwi. Ksylitol spowalnia opróżnianie żołądka i działa podobnie do błonnika pokarmowego. Substancja ta hamuje rozwój bakterii próchniczych. Wykazano, że żucie gumy z ksylitolem przez kobiety w ciąży zapobiega powstawaniu próchnicy u ich dzieci. Badania wykazały również, iż ksylitol może ograniczyć kolonizację grzybów Candida i innych drożdżaków. Zalecany jest również w celu lepszej regeneracji po wysiłku, ponieważ przekształcany jest stopniowo w glukozę i glikogen, a w konsekwencji wpływa na odbudowywanie zasobów energetycznych. Ksylitol również zmniejsza częstotliwość występowania zapalenia ucha środkowego u dzieci.

Erytrytol naturalnie występuje w melonie, gruszkach i winogronach oraz sfermentowanym jedzeniu. W przeciwieństwie do pozostałych polioli, erytrytol wchłaniany jest w jelicie cienkim, nie wywołując efektu biegunek i wzdęć. Pozyskuje się go w procesie naturalnej fermentacji glukozy pod wpływem drożdży *Yarrowia lipolytica*. Erytrytol znajduje zastosowanie jako środek stosowany prewencyjnie lub leczniczo w nadciśnieniu tętniczym.

Alkohol

Alkohol, a zwłaszcza piwo należy do produktów, które należy wyeliminować z diety. Od czasu do czasu można wypić lampkę wina, ale jest to również zabronione podczas przyjmowania leków. Metformina i spożycie alkoholu może grozić kwasicą mleczanową, która jest ciężkim stanem zagrażającym życiu i zdrowiu.

Alkohol stanowi źródło pustych kalorii i węglowodanów prostych, co często skutecznie blokuje proces redukcji masy ciała. Alkohol zwiększa ryzyko hipoglikemii.

Czytaj etykiety

W rozważaniach dotyczących żywienia w insulinooporności nacisk należy położyć na wybór żywności jak najmniej przetworzonej, ubogiej w konserwanty, bez nadmiaru cukru, barwników, wzmacniaczy smaków. Żywność naturalna ma krótki skład. Skład produktu podany jest zawsze od składników, których w produkcie jest najwięcej, do tych których jest najmniej. Do myślenia powinno dać to, jak wysokie miejsce na liście składników w większości produktów przetworzonych, zajmuje cukier. Warto zwrócić uwagę na tzw. cukier ukryty w produktach. Znajduje się on w napojach, wodach smakowych, izotonikach, deserach mlecznych, sosach, przyprawach, ketchupie, musztardzie, dipach, płatkach, pieczywie, mieszankach mrożonych warzyw, daniach gotowych, napojach roślinnych, sokach warzywnych, pastach kanapkowych, wędlinach i oczywiście w słodyczach.

Ze względu na wysoki koszt żywności ekologicznej nie ma potrzeby kupowania wszystkich produktów wyłącznie ze znakiem oznaczającym ich ekologiczność, ale szczególnie należy zwracać uwagę na pochodzenie mięsa, ryb, jaj i nabiału.

Łatwo znaleźć na półce sklepowej produkty „light" – czyli lekkie, mające niższą wartość energetyczną niż ich tradycyjne odpowiedniki. Według przepisów obowiązujących w Unii Europejskiej powinny one zawierać o 30% mniej kalorii, niż znajduje się w produkcie podstawowym. Wtedy na opakowaniu można umieścić oświadczenie żywieniowe, czyli informację, że produkt jest właśnie „light". Natomiast napisy „slim", „fit" czy „fitness" na opakowaniach nie podlegają przepisom, nie muszą być więc niczym uzasadnione i często stanowią zwykły chwyt marketingowy. Niektóre z tych produktów nie mają wcale mniejszej wartości energetycznej. Jest to najczęściej nabiał – jogurty, serki, a także majonezy, napoje, batoniki, czekolady.

W jaki sposób można uzyskać „lekkość" pożywienia? Pozbywając się z produktów w trakcie ich wytwarzania najbardziej kalorycznych składników, czyli tłuszczu i cukru. Cukier zastępuje się w nich słodzikami. Jednak takie zabiegi dla producentów żywności nie są proste pod względem technologicznym: wszystkie składniki żywności mają swoje funkcje, jak choćby osiągnięcie określonej konsystencji wyrobu, a przede w wszystkim zapewnienie mu smaku, który zaakceptują konsumenci.

Czy napis „lekki" na opakowaniu daje nam gwarancję zdrowia i szczupłej sylwetki? Niestety, takiej pewności nie mamy. Nad czym więc warto się zastanowić, zanim całkowicie przestawimy się na żywność „light"? Często zmniejszenie ilości cukru w produkcie nie oznacza, że usunięto z niego również tłuszcz. Być może nawet jest go więcej niż w produkcie, z którym porównujemy wyrób „light". Polskie Towarzystwo Diabetologiczne pozwala osobom chorym na cukrzycę na ich używanie zamiast cukru właśnie ze względu na ich zerową kaloryczność – jednak w ilościach nie większych, niż zaleca producent. To, że dany produkt zawiera nieznacznie mniej kalorii niż inny, nie oznacza, że możemy jeść go bez żadnych ograniczeń, choć niektórzy tak uważają. Łatwo policzyć, że jeśli zjemy zamiast jednego plasterka „zwykłego" sera kilka plasterków w wersji „light", spożyjemy w efekcie o wiele więcej kalorii. Dlatego nie warto również nabierać się na produkty ze specjalnym napisem „dla diabetyków". Ne twierdzę, że wszystkie są złe, ale warto czytać etykiety i analizować ich skład. Czasem nie ma sensu przepłacać.

Naturalne wsparcie

- ***Morwa biała***

Znana jest z owoców i różnej barwy liści, z których parzy się herbatę. Najwyższą wartość mają listki suszone w temperaturze 60°C, zawierają najwięcej przeciwutleniaczy. Liście morwy białej zawierają dużą ilość białka, tłuszczu, węglowodanów, błonnika i witamin – witamina C, witaminy z grupy B (B_1, B_2, B_6), D, E, kwas foliowy, kwas nikotynowy (witamina PP), b-karoten, ksantofile.

Składnik	Zawartość s.m. %	Składnik	Zawartość (mg/100 g s.m.)
Woda	5,11–10,57	Kwas askorbinowy	100–200
Białko	15,31–30,91	ß-Karoten	8,44–13,13
Tłuszcz	1,99–7,92	Szczawiany	183
Cukry	9,70–39,70	Fityny	156
Popiół całkowity	11,3–17,24	Żelazo	19–50
Błonnik surowy	9,9–13,85	Cynk	0,72–3,65
Kwas taninowy	0,13–0,36	Wapń	786–2727
NDF – detergentowy błonnik pokarmowy	27,6–43,6	Fosfor	970

Morwa, szczególnie jej liście, zawiera w sumie mnóstwo cennych składników, które mogą zapobiegać chorobom cywilizacyjnym, takim jak choroby układu krążenia, cukrzyca, choroby układu nerwowego czy wykazywać potencjalne działanie chemoprewencyjne. Morwa obniża stężenie glukozy. Doustne podawanie ludziom proszku z suszonych liści morwy w ilości 0,8 i 1,2 g znacząco hamuje glikemię poposiłkową oraz wydzielanie insuliny. Także morwa suszona jest jak najbardziej zdrowa, byle nie była karmelizowana, bo ta jest dodatkowym źródłem cukru. Jestem zwolenniczką tego, by jeść świeży owoc morwy, który pojawia się w Polsce od lipca i ma najwięcej błonnika – pektyny, która wspomaga pracę jelit. Liście i korzeń takich właściwości nie mają. Można również kupować morwę w formie suplementu ale wiadomo, że wtedy przyswajanie jest gorsze.

- ***Czarnuszka*** – spożycie 2 g dziennie wpływa na obniżenie glikemii na czczo.
- ***Chili*** – regularne spożycie może obniżać hiperinsulinemię poposiłkową.
- ***Kozieradka*** – moduluje wydzielanie trzustkowe, poprawia tkankową wrażliwość na insulinę poprzez wzrost ilości receptorów dla insuliny.

Hamuje aktywność enzymów odpowiedzialnych za przemiany węglowodanów złożonych do glukozy w jelicie cienkim.

- ***Kurkuma*** – bierze udział we wchłanianiu glukozy.
- ***Imbir*** – zwiększa wrażliwość komórek na insulinę.
- ***Cynamon*** – poprawia wrażliwości tkanek na insulinę, obniża stężenie glukozy na czczo. Zaleca się regularne spożywanie w ilości 1 łyżeczki dziennie, która może być rozłożona na trzy dawki. Cynamon spowalnia dodatkowo proces opróżniania żołądka.
- ***Zielona herbata*** – już 1 filiżanka dziennie wpływa na niższą glikemię poposiłkową.
- ***Spirulina*** – poprawia aż o 225% wrażliwość tkanek na insulinę.
- ***Owocnia***, czyli strąk bez nasion ***fasoli zwyczajnej*** – zawiera cholinę, aminokwasy, kwasy organiczne, glikoproteiny i związki mineralne. Zalecane picie naparu.
- ***Czapetka kuminowa*** – zwiększa wydzielanie insuliny.
- ***Przepękla ogórkowata, gorzki melon*** – hamowanie wchłaniania glukozy w jelicie cienkim oraz wzrost jej zużycia przez komórki.
- ***Borówka czernica***, liście i owoce – dzięki zawartości flawonoidów i związków galusowych ma działanie hipoglikemiczne. Dodatkowo wspiera obniżanie cholesterolu i trójglicerydów.
- ***Mniszek pospolity*** – zawiera bardzo dużo pektyn, witamin, kwasów organicznych. Ma działanie obniżające stężenie glukozy (napar, sok ze świeżego ziela).
- ***Pokrzywa zwyczajna*** – obniża stężenie glukozy, reguluje trawienie. Zaleca się spożywanie naparu lub soku.
- ***Berbetyna***
- ***Aloes***
- ***Aronia***

Należy jednak pamiętać, żeby o stosowaniu wszelkiego rodzaju naturalnych przypraw i ziół poinformować lekarza, gdyż konieczna może być zmiana dawki leku obniżającego stężenie glukozy.

W poszukiwaniu najskuteczniejszej diety

Dietami, które są przebadane, bezpieczne i przynoszące korzyści dla zdrowia, są: dieta śródziemnomorska, dieta DASH, dieta Montignaca o niskim indeksie glikemicznym. Wszystkie omawiane w tej książce zasady zdrowego żywienia zalecane przy insulinooporności opierają się właśnie na tych dietach. Również odpowiednio zbilansowane diety wegetariańskie przynoszą wiele korzyści dla zdrowia i uznawane są za bezpieczne. Odradza się natomiast w większości przypadków stosowanie w zaburzeniach gospodarki węglowodanowej diet niskowęglowodanowych, ketogenicznych, niskoenergetycznych, głodówek i diety wysokobiałkowej. Istnieje niewiele przypadków, w których te diety mogą przynieść korzyści terapeutyczne, natomiast żadne towarzystwa naukowe w Polsce i na świecie nie rekomendują ich jako bezpiecznych i zalecanych.

Diety eliminacyjne stosowane bez wskazań i kontroli lekarza i dietetyka bardzo często kończą się dużymi niedoborami pokarmowymi, wpływając negatywnie na zdrowie.

Dieta niskowęglowodanowa

Osoby z nadmierną masą ciała poszukują różnych diet w celu szybszej utraty tej masy. Jedną z takich diet jest niskowęglowodanowa dieta ketogeniczna. Medycznie znajduje ona zastosowanie w niefarmakologicznym leczeniu epilepsji oraz w celu poprawy stanu zdrowia osób z chorobami neurodegeneracyjnymi – Parkinsona i Alzheimera. Ze względu na wysoki udział tłuszczu i często białka, dieta ta budzi kontrowersje, dlatego warto przeanalizować, na czym dokładnie polega.

Zasady diety ketogenicznej

Najpopularniejszymi dietami ketogenicznymi są: dieta Atkinsa, Kwaśniewskiego oraz dieta plaż południowych. Bazują one głównie na tłuszczu pochodzenia zwierzęcego, przy jednoczesnej nadmiernej podaży białka, co odbiega od założeń tradycyjnej diety niskowęglowodanowej. Jedną z głównych zasad diety ketogenicznej jest równy stosunek kwasów tłuszczowych nasyconych do jednonienasyconych oraz wielonienasyconych. Źródłem kwasów nasyconych jest przede wszystkim mięso, tłuszcze zwierzęce typu masło, smalec oraz olej kokosowy. Jednonienasyconych kwasów tłuszczowych dostarczają oliwki, migdały oraz awokado, zaś wielonienasyconych kwasów tłuszczowych ryby morskie, olej lniany, olej rzepakowy, orzechy włoskie, jajka. Bardzo ważna jest dodatkowa suplementacja kwasów omega-3 oraz kompleksu reszty witamin i składników mineralnych.

Źródłem białka w diecie ketogenicznej jest głównie mięso i jego przetwory oraz nabiał i w mniejszym stopniu również ryby.

Węglowodany w owej diecie występują w ilości nie przekraczającej 50 g na dobę. Dlatego też ich źródłem są głównie warzywa niskoskrobiowe. Ograniczaniu ulega spożycie takich warzyw jak buraki, kalafior, brokuły, marchewka, kapusta, dynia i pomidory. Przy stosowaniu diety ketogenicznej zabrania się spożywania gotowych sosów, mieszanek przypraw, herbat owocowych, napojów roślinnych i wszystkich produktów, które w swoim składzie posiadają cukier.

Bardzo ważne jest natomiast regularne spożywanie posiłków, dodatek jednej łyżeczki soli do przygotowywanych potraw oraz wypijanie minimum dwóch litrów wody mineralnej dziennie.

Mechanizm diety ketogenicznej

Jaki jest mechanizm diety niskowęglowodanowej? Wysokie spożycie tłuszczu przy ograniczeniu dowozu węglowodanów prowadzi do zablokowania utleniania kwasów tłuszczowych i powstawania ciał ketonowych. Powstają związki takie jak aceton, beta-hydroksymaślan, metylogioksal czy acetooctan. Na skutek tego organizm wchodzi w stan ketozy, ogranicza się głód, zachodzą zmiany w gospodarce węglowodanowej, następuje zmniejszenie wykorzystania glukozy jako materiału energetycznego dla mięśni. Poprawia to dostępność glukozy dla komórek nerwowych oraz krwinek czerwonych.

Negatywne skutki diety ketogenicznej

Dieta ketogeniczna ma silne działanie odwadniające na skutek konieczności wydalania zwiększonej ilości związków azotowych. Duże obawy przed stosowaniem diety ketogenicznej wynikają z niejednoznacznego wpływu tego modelu żywienia na gospodarkę lipidową. Krótkotrwałe stosowanie diety wysokotłuszczowej nie wpływa na zaburzenia stężenia cholesterolu, jednak powyżej trzech tygodni diety opartej na tłuszczu zwierzęcym obserwuje się wzrost cholesterolu LDL i trójglicerydów. Dieta wysokotłuszczowa może obciążać również nerki oraz wątrobę.

Diety ketogeniczne z założenia związane są z pewną restrykcyjnością kaloryczną bądź też pośrednio prowadzą do ograniczenia spożycia pokarmu. Według wielu badań, restrykcja kaloryczna jest podstawową przyczyną utraty masy ciała osób stosujących dietę ketogenną.

Stanowisko na temat stosowania diet ketogenicznych

Z uwagi na fakt, iż diety ketogeniczne są dietami niedoborowymi, Polskie Towarzystwo Nauk Żywieniowych wydało oświadczenie przestrzegające przed ich stosowaniem. Rosnące zainteresowanie dietą wysokotłuszczową w redukcji masy ciała wydaje się być nieuzasadnione. Do tej pory nie udokumentowano różnic w skuteczności redukcji nadwagi przez zastosowanie takiej diety w stosunku do innych diet niskoenergetycznych nieniosących ze sobą większego ryzyka powikłań zdrowotnych. Jedynym jak do tej pory uzasadnianiem podjęcia tego typu diety są choroby neurodegeneracyjne.

Dieta warzywno-owocowa/ surowa/głodówki

Obecnie (szczególnie w celu redukcji masy ciała) wiele osób stosuje dietę dr Dąbrowskiej, która bazuje na warzywach i owocach. Bardzo bliska tej idei jest tzw. dieta surowa. Witarianizm (raw food) stanowi jedną z odmian diety wegetariańskiej. Polega ona na spożywaniu produktów nieprzetworzonych, takich jak warzywa, owoce, nasiona, orzechy, kiełki oraz oleje tłoczone na zimno, które nie zostały poddane obróbce termicznej w temperaturze powyżej 42°C. W diecie tej zwykle nie występują produkty pochodzenia zwierzęcego. Dr Paul Kouchakoff, nominowany do nagrody Nobla, który prowadził badania nad dietą surową, oraz jej zwolennicy, działanie takiej diety tłumaczą inną reakcją organizmu (w postaci leukocytozy, czyli zawieszenia liczby białych krwinek we krwi) na produkty poddane obróbce termicznej. Dlatego surowe produkty są bardziej naturalne dla naszego przewodu pokarmowego. Słuszność tej tezy oraz mechanizm takiego działania nie zostały jeszcze udowodnione naukowo. Wiadomo jednak, iż obróbka termiczna powoduje znaczącą utratę witamin, zwłaszcza witaminy C i folianów, nawet do 80%. Ilość utraconych wartości zależy jednak również od rodzaju produktu, czasu jego obróbki termicznej oraz stopnia rozdrobnienia. Przykładowo, pieczenie orzechów ma bardzo mały wpływ na straty tiaminy, tokoferoli i karotenoidów (zwłaszcza w migdałach i orzechach włoskich).

Warzywa i owoce stanowią podstawę Piramidy Zdrowego Żywienia. Należy spożywać 7–9 porcji warzyw i owoców dziennie w proporcji warzywa i owoce 4:1. Przynajmniej połowa warzyw, które spożywamy w ciągu dnia, nie powinna być poddana obróbce termicznej.

Plusem diety surowej jest również większy udział błonnika pokarmowego o korzystnym działaniu na pracę układu pokarmowego, zwłaszcza jelit, poprzez wpływ na prawidłową florę bakteryjną. Błonnik pokarmowy zmniejsza wchłanianie cholesterolu i trójglicerydów z przewodu pokarmowego. Dieta ta wiąże się również z niższym spożyciem aktyloamidu, kwasów tłuszczowych trans oraz nasyconych kwasów tłuszczowych. Spożywanie dużej ilości warzyw wiąże się również z mniejszymi poposiłkowymi wahaniami stężenia glukozy we krwi oraz znacznie niższą wartością energetyczną diety, pobudza metabolizm, co sprzyja redukcji masy ciała.

W badaniu przeprowadzonym na Uniwersytecie w Giessen (Niemcy) wykazano, iż dieta w której jest 70–100% surowej żywności wpływa na redukcję stężenia trójglicerydów, cholesterolu całkowitego, ale również frakcji dobrego cholesterolu HDL oraz powoduje większe stężenie homocysteiny w osoczu z powodu niedoboru witaminy B_{12}. Dieta ta niesie ponadto ryzyko dużego niedoboru żelaza oraz witaminy D. Pewnym rozwiązaniem tego problemu jest stosowanie suplementacji, lecz nie ma na to dostatecznych dowodów.

Z racji eliminacji wielu produktów diety surowej nie powinny stosować kobiety w ciąży i karmiące, osoby z chorobami przewlekłymi, zwłaszcza przewodu pokarmowego (refluks żołądkowy, choroba wrzodowa żołądka i dwunastnicy, nieswoiste choroby zapalne jelit) oraz osoby po 50. roku życia.

Ze względu na dużą ilość witamin, składników mineralnych, antyoksydantów i innych fitoskładników oraz błonnika pokarmowego dieta surowa może wykazywać bardzo pozytywne skutki. Jednak trudność zbilansowania takiego żywienia, eliminacja wielu produktów spożywczych, duże ryzyko niedoborów pokarmowych oraz zbyt mała ilość badań naukowych nad długoterminowym stosowaniem diety surowej powoduje, że nie jest ona zalecana jako codzienny sposób żywienia. Warto natomiast wykorzystać jej dobrodziejstwa, w postaci wysokiego spożycia surowych warzyw i choćby częściowo wprowadzić je do swojego jadłospisu, zwłaszcza w okresie letnim. Zwiększone spożycie warzyw i owoców stanowi bardzo ważny element w profilaktyce chorób przewlekłych oraz nowotworów przewodu pokarmowego.

Aktywność fizyczna

Najważniejsze! Należy wybierać taką aktywność, która będzie bezpieczna, ale przede wszystkim będzie dawała przyjemność i dzięki temu wykonywana będzie regularnie.

Regularna aktywność fizyczna poprawia wrażliwość tkanek na insulinę. Najlepszą formą aktywności fizycznej przy insulinooporności jest umiarkowany wysiłek trwający minimum 30 minut wykonywany pięć razy w tygodniu lub wysiłek o dużej intensywności w czasie 20–40 minut, wykonywany trzy razy w tygodniu lub co drugi dzień. Każdy zestaw ćwiczeń powinien składać się z 10–15 powtórzeń. Aktywność fizyczna może poprawiać wrażliwość komórek na insulinę nawet do 24 godzin po jej zakończeniu.

Coraz więcej badań potwierdza, że wysokie korzyści przynosi tzw. trening HIIT (ang. *High Intensity Interval Training – trening interwałowy wysokiej intensywności*). Jest to program złożony z krótkich, trwających 2–3 minuty intensywnych sesji ćwiczeń podzielonych krótkim odpoczynkiem. Cały trening trwa najczęściej do 20 minut. Taki trening jest również bardzo bezpieczny dla pacjentów kardiologicznych. Korzystny wpływ ma również łączenie treningu aerobowego i oporowego.

Nie zaleca się bardzo długich i intensywnych treningów, ponieważ mogą one zwiększać stan zapalny i wydzielanie kortyzolu. Restrykcyjna dieta i zbyt intensywne ćwiczenia fizyczne nie przynoszą żadnych pozytywnych skutków, a wręcz przeciwnie – spowalniają proces redukcji masy ciała.

Na samym początku zwiększania aktywności fizycznej zaleca się spacery, rower, ważna jest przy tym systematyczność. Dobrą aktywnością fizyczną są również marsze, trucht, joga czy taniec. Jeżeli żadna aktywność fizyczna nam nie odpowiada, warto chociaż zainstalować w telefonie aplikację do liczenia kroków. Średnia aktywność fizyczna to 10 000 kroków dziennie.

Kiedy najlepiej ćwiczyć? Odradza się treningi na czczo ze względu duże ryzyko hipoglikemii. Najlepiej ćwiczyć w ciągu dnia lub po południu, ale też nie późnym wieczorem.

Oprócz diety i aktywności fizycznej koniecznie należy zadbać o dobry sen, odpoczynek oraz masaże.

PRZEPISY

4-tygodniowe menu

Oznaczenia (podane przy przepisach wartości dotyczą zawsze jednej porcji):

- K – wartość energetyczna (kcal)
- B – białko (g)
- T – tłuszcz (g)
- W – węglowodany przyswajalne (g)
- F – błonnik (g)

UWAGA! W przepisach zostały uwzględnione średnie wielkości warzyw i owoców, chyba że zaznaczono inaczej.

Zbilansowane, 4-tygodniowe menu składa się z 5 posiłków na każdy dzień. Potrawy zostały tak zestawione, że w zależności od liczby spożywanych posiłków w ciągu dnia, co jest kwestią indywidualną, najlepiej dostosowaną w konsultacji z dietetykiem, można podwieczorek w postaci zupy zjeść do obiadu (4 posiłki dziennie), albo koktajl czy owocową przekąskę do śniadania (3 posiłki dziennie). Jadłospis nie uwzględnia śniadań białkowo-tłuszczowych, gdyż stosowane są one przez niewielką liczbę osób z insulinoopornością.

Nie jestem zwolenniczką uniwersalnych jadłospisów dla wszystkich. Ważne jest indywidualne podejście biorące pod uwagę stan zaawansowania insulinooporności, choroby towarzyszące, reagowanie na konkretne produkty, ale również zakorzenione nawyki, sytuację finansową, tryb życia i podejście do gotowania. Jednak przedstawiony miesięczny jadłospis może stanowić dużą pomoc w nauczeniu się, w jaki sposób zestawiać ze sobą produkty spożywcze, aby dieta pokrywała zapotrzebowanie na wszystkie niezbędne składniki i nie była karą lecz przyjemnością. Przepisy są łatwe w wykonaniu, przygotowane z produktów szeroko dostępnych. Bez problemu można powtarzać całodzienne zestawy, ale nie powinno się mieszać posiłków z różnych dni.

Zamienniki soli podczas przygotowywania dań z użyciem wybranych produktów.

Produkty spożywcze	Zalecane zioła i przyprawy
Wołowina	Liść laurowy, majeranek, tymianek, gałka muszkatołowa, cebula, szałwia, pieprz
Cielęcina	Czosnek, cebula, szałwia, pieprz, oregano
Drób	Imbir, majeranek, oregano, papryka, rozmaryn, szałwia, tymianek, estragon
Ryby	Curry, koperek, gorczyca, sok z cytryny, majeranek, papryka, pieprz
Marchew	Cynamon, goździki, majeranek, gałka muszkatołowa, rozmaryn, szałwia
Ziemniaki	Imbir, majeranek, cebula, papryka, natka pietruszki, szałwia
Cukinia	Goździki, curry, majeranek, gałka muszkatołowa, rozmaryn, szałwia
Dynia	Cynamon, imbir, gałka muszkatołowa, cebula
Pomidory	Bazylia, liść laurowy, koperek, majeranek, cebula, oregano, natka pietruszki, pieprz

TYDZIEŃ 1

TWARÓG
z warzywami

K 297,0 ····· B 22,2 ····· T 5,8 ····· W 36,7 ····· F 4,0

1 PORCJA

- *5 łyżek twarogu półtłustego*
- *$^1/_3$ dużego ogórka*
- *1 rzodkiewka*
- *2 pomidorki koktajlowe*
- *2 kromki chleba żytniego*

Ogórka i rzodkiewkę drobno kroimy lub ścieramy na tarce. Mieszamy z twarogiem i doprawiamy według uznania do smaku. Podajemy z pieczywem i pomidorkami.

JAGLANY
koktajl wiśniowy

1 PORCJA

K 157,5 ····· B 9,0 ····· T 3,2 ····· W 22,1 ····· F 1,8

- *1 garść wiśni mrożonych lub świeżych*
- *$^3/_4$ szklanki mleka sojowego*
- *2 łyżki kaszy jaglanej ugotowanej na półtwardo lub płatków jaglanych*

Miksujemy wszystkie składniki na gęsty koktajl.

POLĘDWICZKA
w musztardzie francuskiej z ryżem brązowym i surówką z kapusty pekińskiej

1 PORCJA

K 578,8 ····· B 37,1 ····· T 12.8 ····· W 72,8 ····· F 12,0

- *100 g polędwiczki wieprzowej*
- *$^{1}/_{2}$ łyżeczki musztardy francuskiej*
- *7 łyżek gotowanego brązowego ryżu*

Polędwiczkę kroimy w drobną kostkę, smarujemy musztardą i smażymy na patelni beztłuszczowej przez ok. 6 minut, mieszając, aby mięso było równomiernie usmażone. Podajemy z ryżem i surówką.

Surówka z kapusty pekińskiej

1 PORCJA

- *1 ogórek kiszony*
- *1 łyżeczka oliwy z oliwek*
- *2 liście kapusty pekińskiej*
- *$^{3}/_{4}$ pomidora*

Przygotowujemy surówkę z pokrojonych warzyw, doprawiamy do smaku i polewamy oliwą.

ZUPA KREM
z brokuła

K 166,1 ····· B 9,6 ····· T 6,4 ····· W 12,9 ····· F 9,9

1 PORCJA

- *1/2 szklanki wody*
- *1/2 pietruszki*
- *1/3 cebuli*
- *1/2 plastra selera korzeniowego*
- *1 ząbek czosnku*
- *1 łyżeczka oliwy z oliwek*
- *1/2 brokuła*
- *sól himalajska, pieprz*

Rozdrabniamy wszystkie warzywa i gotujemy do miękkości w wodzie z dodatkiem oliwy i przypraw. Miksujemy na gęsty krem.

SAŁATKA
z łososiem i komosą ryżową

1 PORCJA

K 295,0 ····· B 18,7 ····· T 16,1 ····· W 16,6 ····· F 3,9

- *80 g łososia bez skóry*
- *2 łyżki gotowanej komosy ryżowej*
- *10 liści sałaty*
- *1/3 papryki czerwonej*
- *1/3 dużego ogórka*
- *1/2 pomidora*
- *1 łyżeczka oleju rzepakowego*

Łososia pieczemy w piekarniku przez ok. 20 minut w minimum 200°C. Rozdrabniamy warzywa. Mieszamy warzywa z kaszą, rozdrobnionym na mniejsze kawałki łososiem, polewamy oliwą i doprawiamy do smaku.

OMLET
ze szpinakiem i pomidorami

K 340,1 ····· B 11,8 ····· T 16,7 ····· W 33,2 ····· F 4,9

1 PORCJA

- *1 jajko*
- *1 garść szpinaku*
- *1 łyżka oleju rzepakowego*
- *1 pomidor*
- *6 liści sałaty*
- *2 kromki chleba żytniego*

Jajka wbijamy do miski. Dokładnie ubijamy widelcem, dodajemy pieprz, ponownie mieszamy. Na patelnię nalewamy olej rzepakowy. Na rozgrzany olej wylewamy jajko. Smażymy przez ok. 2 minuty, aż do delikatnego zabrązowienia całej strony omleta. Następnie obracamy go na drugą stronę. Liście szpinaku oraz pomidora myjemy, pomidora kroimy w kostkę. Kiedy druga strona omleta będzie gotowa, nakładamy na omlet liście szpinaku oraz pokrojonego pomidora. Następnie składamy omlet na pół, tak aby warzywa były przykryte omletem od dołu i góry. Smażymy tak złożony omlet przez ok. 1 minutę. Podajemy z sałatą i pieczywem.

KOKTAJL
porzeczkowo-jagodowy

1 PORCJA

K 266,6 ····· B 5,9 ····· T 4,3 ····· W 44,6 ····· F 13,3

- *$^{1}/_{2}$ szklanki mleka ryżowego*
- *2 łyżki płatków owsianych*
- *$^{1}/_{2}$ łyżeczki nasion chia*
- *$^{1}/_{2}$ szklanki czarnych jagód*
- *2 garści czarnych porzeczek*
- *1 łyżka otrębów gryczanych*

Miksujemy wszystkie składniki na gęsty koktajl.

DORSZ
z kaszą gryczaną, batatami, porem i chili

K 383,2 ····· B 26,8 ····· T 2,4 ····· W 58,2 ····· F 8,0

2 PORCJE

- *100 g fileta z dorsza*
- *9 łyżek kaszy gryczanej*
- *1 batat*
- *$^1/_2$ cebuli*
- *$^1/_3$ pora*
- *1 ząbek czosnku*
- *$^1/_2$ łyżeczki tymianku*
- *$^1/_4$ łyżeczki sproszkowanej papryczki chili*
- *$^1/_2$ łyżeczki posiekanego szczypiorku*
- *$^1/_2$ łyżeczki oleju rzepakowego*

Gotujemy kaszę gryczaną według wskazań na opakowaniu. Batata kroimy w drobną kostkę, rozdrabniamy cebulę, pora i czosnek. Dusimy na małym ogniu aż do miękkości, możemy podlać troszkę wodą, jeżeli warzywa będą się przypalać. Dorsza pieczemy przez 20 minut w piekarniku w temp. 180°C, ale podsmażamy razem z warzywami. Doprawiamy warzywa. Podajemy z kaszą i rybą, a na koniec posypujemy szczypiorkiem.

ZUPA
kalafiorowa

1 PORCJA

K 233,2 ····· B 8,5 ····· T 6,1 ····· W 32,6 ····· F 11,1

- *1 łyżeczka oleju rzepakowego*
- *3 łyżki amarantusa*
- *1 plaster cebuli*
- *1 marchew*
- *$^1/_2$ łyżeczki posiekanej natki pietruszki*
- *1 liść laurowy*
- *1 alga nori*
- *$^1/_3$ plastra selera korzeniowego*
- *$^1/_2$ pietruszki*
- *$^1/_2$ kalafiora*
- *1 łyżka kaszy jaglanej*
- *1 ziarnko ziela angielskiego*
- *sól himalajska, pieprz*

Na oleju podsmażamy pokrojoną w kostkę cebulę, dodajemy obraną i pokrojoną na cienkie plasterki marchewkę, pietruszkę oraz seler i przez chwilę smażymy wszystko razem. Do bulionu dodajemy warzywa z patelni, kalafiora, algę nori i kaszę jaglaną oraz ziele angielskie i liść laurowy. Gotujemy pod przykryciem przez ok. 30 minut. Doprawiamy do smaku. Zupę podajemy z posiekaną natką pietruszki.

SAŁATKA
z komosą

K 311,4 ····· B 10,4 ····· T 13,4 ····· W 33,4 ····· F 7,2

1 PORCJA

- *5 łyżek gotowanej komosy ryżowej*
- *1,5 garści szpinaku*
- *1 garść jarmużu*
- *1 łyżka oleju rzepakowego*
- *1 łyżka soku z cytryny*
- *10 liści sałaty*
- *1/3 dużego ogórka*
- *1/3 papryki zielonej*

Rozdrabniamy wszystkie warzywa według uznania. Mieszamy je z komosą ryżową i polewamy olejem. Doprawiamy do smaku.

OWSIANKA

ze śliwkami

1 PORCJA

K 410,2 ····· B 16,1 ····· T 10,2 ····· W 54,4 ····· F 10,2

- *6 łyżek płatków owsianych*
- *1 szklanka napoju sojowego*
- *1 garść twardych śliwek*
- *1 łyżeczka cynamonu*
- *$^1/_2$ łyżeczki maku*
- *$^1/_2$ łyżeczki mielonych nasion lnu*
- *kardamon*

Płatki owsiane zalewamy napojem sojowym. Dodajemy siemię lniane, mak i przyprawy, mieszamy i odstawiamy na 10 minut. Do owsianki dodajemy pokrojone śliwki.

KOKTAJL
z pokrzywy i jęczmienia

K 90,3 ····· B 1,6 ····· T 0,8 ····· W 17,3 ····· F 3,4

1 PORCJA

- *1 łyżeczka zielonego jęczmienia*
- *1/2 twardego jabłka*
- *3/4 szklanki wody*
- *1 kiwi*
- *kilka liści pokrzywy*

Miksujemy wszystkie składniki na gęsty koktajl.

KURCZAK

w sosie curry z warzywami

1 PORCJA

K 415,8 ····· B 29,4 ····· T 7,4 ····· W 48,9 ····· F 14,0

- *160 g fileta z piersi kurczaka*
- *50 ml szklanki mleka kokosowego*
- *1 łyżeczka natki pietruszki*
- *1 ząbek czosnku*
- *1/4 cukinii*
- *1/3 papryki czerwonej*
- *2 pieczarki*
- *1 cienki plasterek imbiru*
- *9 łyżek gotowanego brązowego ryżu*
- *1/2 garści szpinaku*
- *2 łyżki gotowanej ciecierzycy*
- *1 łyżeczka kurkumy*
- *sproszkowana papryka chili*
- *słodka papryka*
- *sól himalajska, pieprz*

Pierś kurczaka kroimy w małą kostkę. Kroimy na drobno pieczarki, paprykę, cukinię i czosnek. Wszystkie przyprawy podprażamy przez chwilę w woku na małym ogniu. Dodajemy do nich warzywa razem ze szpinakiem i kurczakiem, zalewamy do połowy wodą i dusimy do miękkości. W połowie gotowania dodajemy ciecierzycę i dolewamy mleko kokosowe i dalej dusimy. Gotowe curry podajemy z ryżem i posypujemy natką pietruszki.

KREM
z pomidorów

K 195,5 ····· B 6,0 ····· T 6,5 ····· W 27,0 ····· F 12,2

1 PORCJA

- *1 puszka pomidorów*
- *1/3 cebuli*
- *1/2 plastra selera korzeniowego*
- *1 łyżeczka oleju rzepakowego*
- *1/2 pietruszki*
- *5 listków świeżej bazylii*
- *kromka chleba żytniego*
- *sól himalajska, pieprz*

Rozdrabniamy warzywa, wkładamy do garnka i do połowy zalewamy wodą, doprawiamy solą i pieprzem. Gotujemy do miękkości. Dodajemy pomidory z puszki i miksujemy na gęsty krem. Na talerzu zupę polewamy olejem, posypujemy listkami bazylii i podajemy z pieczywem.

SAŁATKA
grecka

1 PORCJA

K 391,4 ····· B 14,0 ····· T 21,0 ····· W 33,0 ····· F 7,4

- *2 kromki chleba graham*
- *2 łyżki czarnych oliwek*
- *40 g sera feta*
- *$^1/_2$ pomidora*
- *1 ogórek*
- *$^1/_4$ cebuli*
- *1 łyżeczka octu jabłkowego*
- *3 liście sałaty lodowej*
- *$^1/_4$ papryki czerwonej*

Warzywa rozdrabniamy i mieszamy w miseczce. Posypujemy fetą pokrojoną w kostkę, polewamy octem jabłkowym i ewentualnie doprawiamy do smaku. Podajemy z pieczywem.

PASTA
z groszku

K 421,2 ····· B 14,2 ····· T 15,7 ····· W 49,4 ····· F 12,9

1 PORCJA

- *5 łyżek groszku zielonego*
- *1 marchew*
- *1 papryka*
- *1 łyżka orzechów włoskich*
- *1 łyżka pestek z dyni*
- *2 kromki chleba żytniego*
- *1 pomidor*
- *$^{1}/_{3}$ ząbka czosnku*

Groszek miksujemy z czosnkiem na pastę, mieszamy z posiekanymi drobno orzechami i pestkami dyni, doprawiamy do smaku. Podajemy z pieczywem i warzywami.

CZEKOLADOWY
budyń jaglany

2 PORCJE

K 312,7 ····· B 8,2 ····· T 6,0 ····· W 55,9 ····· F 3,9

- *1 szklanka napoju ryżowego*
- *7 łyżek kaszy jaglanej*
- *3 łyżki kakao*
- *1 garść borówek*

Kaszę jaglaną gotujemy na półtwardo w napoju ryżowym, pod przykryciem na małym ogniu, następnie miksujemy z kakao i posypujemy borówkami. Jeżeli budyń będzie zbyt gęsty, można dodać odrobinę wody lub napoju jaglanego.

BATAT
faszerowany

K 511,6 ····· B 18,4 ····· T 22,6 ····· W 48,2 ····· F 13,0

1 PORCJA

- *1 batat*
- *½ cebuli*
- *2 garści szpinaku*
- *1 łyżka oleju rzepakowego*
- *4 łyżki czerwonej fasoli konserwowej*
- *½ pomidora*
- *40 g sera feta*
- *1,5 łyżeczki tahini*

Batata dobrze myjemy i przekrawamy na pół. Pieczemy podlanego wodą w naczyniu żaroodpornym przez ok. 40 minut w 180°C. W międzyczasie dusimy na oleju pokrojoną cebulę, pomidora pokrojonego w kostkę i szpinak. Dodajemy pokrojony w kostkę ser feta, fasolkę i pastę sezamową, doprawiamy. Z upieczonego batata wydrążamy część miąższu, mieszamy z farszem warzywnym i wypełniamy nim wydrążonego batata.

KREM
z cukinii

K 156,6 ····· B 7,1 ····· T 0,7 ····· W 27,0 ····· F 8,0

1 PORCJA

- *$^1/_2$ cukinii*
- *$^1/_3$ plastra selera korzeniowego*
- *$^1/_2$ pietruszki*
- *1 łyżeczka posiekanej natki pietruszki*
- *$^1/_3$ pora*
- *1 plasterek cebuli*
- *1 ząbek czosnku*
- *1 kromka pieczywa razowego*

Cukinię, seler, pietruszkę, cebulę, pora i czosnek rozdrabniamy. Zalewamy do połowy wodą i gotujemy do miękkości. Doprawiamy do smaku i miksujemy na gęsty krem. Posypujemy natką pietruszki i podajemy z pieczywem.

SAŁATKA
z komosą ryżową i tuńczykiem

1 PORCJA

K 134,5 ····· B 19,3 ····· T 1,7 ····· W 9,5 ····· F 2,5

- *6 liści sałaty*
- *1 pomidor*
- *4 łyżki tuńczyka (w wodzie)*
- *1 łyżka gotowanej komosy ryżowej*

Rozdrabniamy sałatę na małe kawałki, kroimy w kostkę pomidora. Warzywa mieszamy z komosą i tuńczykiem, doprawiamy do smaku.

TWAROŻEK
z warzywami

K 230,0 ····· B 14,5 ····· T 3,6 ····· W 30,7 ····· F 7,9

1 PORCJA

- *1,5 ogórka gruntowego*
- *35 g sera twarogowego półtłustego*
- *6 rzodkiewek*
- *1 łyżka kiełków brokuła*
- *2 kromki chleba żytniego razowego*

Twaróg rozdrabniamy i mieszamy z pokrojonymi drobno rzodkiewką i ogórkiem, doprawiamy do smaku. Przygotowujemy kanapki, nakładając pastę twarogową na kromki chleba.

PUDDING CHIA

z musem jagodowym

1 PORCJA

K 273,7 ····· B 4,7 ····· T 17,7 ····· W 16,0 ····· F 10,1

- *1 szklanka mleka kokosowego bez cukru*
- *2,5 łyżki nasion chia*
- *$^{1}/_{3}$ szklanki czarnych jagód*
- *1 łyżeczka ksylitolu*

Mieszamy mleko z ksylitolem i nasionami chia. Odstawiamy pudding na minimum 5 godzin. Posypujemy jagodami i podajemy.

ROLADKA DROBIOWA
ze szparagami

1 PORCJA

K 347,3 ····· B 31,8 ····· T 5,3 ····· W 38,0 ····· F 7,4

- *100 g mielonego fileta z piersi indyka (bez skóry)*
- *2 zielone szparagi*
- *6 łyżek ugotowanej kaszy gryczanej*
- *sól, pieprz*

Mięso z indyka przyprawiamy i zawijamy nim szparagi. Pieczemy roladkę w piekarniku przez ok. 20 minut w temperaturze 180°C. Podajemy z kaszą gryczaną i surówką.

Surówka z kapusty, marchewki i jabłka

1 PORCJA

- *1,5 liścia białej kapusty*
- *1/4 jabłka*
- *1 mała marchewka*
- *1/2 łyżeczki soku z cytryny*
- *1/2 łyżeczki oliwy z oliwek*
- *1/4 łyżeczki jagód goji*
- *sól, pieprz*

Kapustę drobno kroimy, jabłko i marchewkę ścieramy na tarce. Mieszamy warzywa z przyprawami, sokiem z cytryny i oliwą. Posypujemy jagodami.

KREM Z CUKINII
z amarantusem

K 233,1 ····· B 10,2 ····· T 7,5 ····· W 26,0 ····· F 9,4

1 PORCJA

- *1 cukinia*
- *1 plaster selera korzeniowego*
- *$^{1}/_{2}$ pietruszki*
- *1 łyżeczka posiekanej natki pietruszki*
- *$^{1}/_{3}$ małego pora*
- *$^{1}/_{4}$ cebuli*
- *1 ząbek czosnku*
- *$^{1}/_{2}$ łyżeczki oliwy z oliwek*
- *1 łyżka nasion słonecznika*
- *3 łyżki amarantusa*

Cukinię, pora, seler, pietruszkę, cebulę i czosnek drobno kroimy i razem z amarantusem podsmażamy na oliwie. Wkładamy do garnka i zalewamy wodą do $^{3}/_{4}$ wysokości warzyw. Gotujemy do miękkości i miksujemy na gęsty krem, doprawiamy do smaku. Posypujemy nasionami słonecznika i natką pietruszki, podajemy z chlebem.

SAŁATKA
z komosy ryżowej

1 PORCJA

K 427,4 ····· B 15,4 ····· T 14,8 ····· W 52,7 ····· F 9,7

- *2 łyżki groszku zielonego*
- *10 liści sałaty*
- *1/2 łyżki kaparów*
- *1 łyżka oliwy z oliwek*
- *1/2 małej papryki*
- *1/2 dużego ogórka*
- *2 łyżki kiełków brokuła*
- *6 łyżek komosy ryżowej*

Komosę gotujemy w wodzie według wskazań na opakowaniu, studzimy. Warzywa kroimy w kosteczkę i łączymy wszystkie składniki z komosą. Doprawiamy oliwą i ulubionymi przyprawami.

RACUSZKI
z dyni i cukinii

K 238,0 ····· B 8,5 ····· T 6,5 ····· W 33,0 ····· F 8,3

1 PORCJA

- *1 mały pomidor*
- *1 łyżeczka pestek dyni*
- *$^{1}/_{3}$ cukinii*
- *1 plaster dyni*
- *1 łyżeczka płatków owsianych*
- *2 łyżki mąki owsianej*
- *1 łyżeczka oliwy z oliwek*
- *sól, pieprz*

Dynię ścieramy na tarce o dużych otworach, dodajemy płatki z dodatkiem wody (aby powstała odpowiednia konsystencja), mąkę, doprawiamy przyprawami, dokładnie mieszamy. Na rozgrzaną patelnię skropioną oliwą z oliwek nakładamy cienką warstwę ciasta i smażymy na złocisty kolor z obu stron (możemy zapiec racuszki w piekarniku).

KOKTAJL
waniliowo-truskawkowy

1 PORCJA

K 159,0 ····· B 2,8 ····· T 2,4 ····· W 31,6 ····· F 2,8

- *½ szklanki napoju lub mleka roślinnego*
- *1,5 garści truskawek*
- *2 łyżki kaszy jaglanej*
- *1 laska wanilii*

Kaszę jaglaną gotujemy na napoju roślinnym z laską wanilii na półtwardo, studzimy i miksujemy z truskawkami na gęsty koktajl. Jeżeli ciężko się miksuje, można dodać napoju, mleka lub wody.

MAKARON
z wołowiną

K 508,4 ····· B 29,4 ····· T 10,1 ····· W 65,4 ····· F 13,1

1 PORCJA

- *70 g wołowiny (rostbef)*
- *1/3 czerwonej papryki*
- *1/3 cukinii*
- *1/2 cebuli*
- *1 ząbek czosnku*
- *1 łyżeczka pestek dyni*
- *1 szklanka makaronu pełnoziarnistego*
- *tymianek*
- *rozmaryn*
- *sól, pieprz*

Gotujemy makaron zgodnie z instrukcją na opakowaniu. Paprykę kroimy w paseczki, pomidora w ćwiartki, a cukinię w plastry. Cebulę i czosnek siekamy. Na rozgrzaną oliwę wrzucamy paprykę na 3 minuty, dodajemy cukinię, cebulę, czosnek i dusimy jeszcze przez 2 minuty. Dodajemy zioła, pestki dyni, pomidory i dusimy przez kolejne 2 minuty. Mieszamy z makaronem, doprawiamy solą i pieprzem.

ZUPA KREM
z dyni

2
PORCJE

K 318,6 ····· B 9,7 ····· T 13,3 ····· W 35,4 ····· F 9,5

- *2 szklanki bulionu warzywnego*
- *2 szklanki pokrojonej w kostkę dyni*
- *2 ząbki czosnku*
- *1 łyżka oliwy z oliwek*
- *1 łyżka posiekanej natki pietruszki*
- *3 łyżki pestek dyni*
- *4 kromki chleba żytniego razowego*

W garnku podsmażamy czosnek na oliwie z oliwek. Dolewamy bulion. Dodajemy pokrojoną w kostkę dynię, gotujemy do miękkości i doprawiamy według uznania. Miksujemy na gęsty krem. Zupę posypujemy pestkami dyni i posiekaną natką pietruszki. Podajemy z pieczywem.

SAŁATKA
z pomelo i krewetkami

1 PORCJA

K 283,4 ····· B 21,9 ····· T 14,2 ····· W 18,0 ····· F 3,3

- *6 krewetek tygrysich*
- *10 liści sałaty*
- *1 kawałek pomelo*
- *$^{1}/_{2}$ łyżeczki posiekanej cebuli dymki*
- *1,5 łyżki orzechów nerkowca*
- *1 łyżka kiełków rzodkiewki*
- *1 łyżeczka oleju rzepakowego*
- *$^{1}/_{2}$ pomidora*
- *kolendra*

Krewetki podsmażamy krótko na mocno rozgrzanym oleju rzepakowym. Sałatę i pomidora rozdrabniamy i mieszamy w misce z posiekaną dymką. Zawartość miski posypujemy obranym z gorzkiej błonki i rozdrobnionym pomelo, orzechami, kiełkami, kolendrą. Wsypujemy krewetki razem z olejem, na którym się smażyły. Ewentualnie doprawiamy do smaku.

HUMMUS
z warzywami i pieczywem

K 339,1 ····· B 10,8 ····· T 10,4 ····· W 42,5 ····· F 10,6

1 PORCJA

- *4 łyżki ugotowanej ciecierzycy*
- *1/2 łyżeczki pasty tahini*
- *1 łyżeczka oliwy z oliwek*
- *1/4 szklanki wody*
- *1 łyżeczka soku z cytryny*
- *2 kromki pieczywa razowego*
- *4 liście sałaty*
- *1/2 dużego ogórka*
- *1/2 papryki*
- *1 łyżeczka kiełków rzodkiewki*
- *sól, pieprz*

Ciecierzycę, pastę tahini, oliwę i wodę miksujemy blenderem na pastę. Pod koniec miksowania dodajemy sok wyciśnięty z całej cytryny i doprawiamy solą i pieprzem. Smarujemy pastą pieczywo i podajemy z warzywami.

KOKOSOWA
kasza gryczana z malinami

1 PORCJA

K 242,2 ····· B 7,9 ····· T 6,9 ····· W 32,5 ····· F 9,8

- *3 łyżki kaszy gryczanej niepalonej*
- *$^1/_4$ szklanki mleka kokosowego bez cukru*
- *$^1/_2$ szklanki wody*
- *1 łyżeczka maku niebieskiego*
- *1 łyżeczka mielonego siemienia lnianego*
- *1 garstka malin*
- *1 łyżeczka ksylitolu*
- *sól*

Kaszę gryczaną gotujemy w wodzie według przepisu na opakowaniu. Studzimy i miksujemy z resztą składników na gęsty pudding. Posypujemy malinami.

WEGAŃSKIE LECZO
z soczewicą

K 444,2 ····· B 21,2 ····· T 9,8 ····· W 56,0 ····· F 20,5

1 PORCJA

- *5 łyżek ugotowanej zielonej soczewicy*
- *1/4 bakłażana*
- *1 szklanka pomidorów krojonych z puszki*
- *1 łyżeczka czarnuszki*
- *1/2 czerwonej papryki*
- *1/3 cukinii*
- *1 ząbek czosnku*
- *1 łyżeczka posiekanej natki pietruszki*
- *1/4 cebuli*
- *1 łyżeczka oleju rzepakowego*
- *5 łyżek komosy ryżowej*

Siekamy cebulę, czosnek przeciskamy przez praskę. Czosnek z cebulą podsmażamy na oleju. Rozdrabniamy pozostałe warzywa i dusimy na patelni razem pomidorami, czosnkiem i cebulą (bez natki pietruszki). Przyprawiamy do smaku. Mieszamy z soczewicą. Komosę ryżową gotujemy według przepisu na opakowaniu. Leczo podajemy z kaszą i posypujemy natką pietruszki.

ZUPA
z pieczonego kalafiora i kalarepki

4 PORCJE

K 175,9 ····· B 7,1 ····· T 8,4 ····· W 13,3 ····· F 6,6

- *1 duży kalafior*
- *2 kalarepki*
- *1 cebula*
- *2 ząbki czosnku*
- *1/2 łyżeczki kminu rzymskiego*
- *kolendra świeża*
- *2 łyżki oliwy z oliwek*
- *4 szklanki bulionu*
- *1 szklanka mleka kokosowego bez cukru*
- *sól, pieprz*

Kalafiora rozdrabniamy na różyczki, kalarepę kroimy w kostkę. Warzywa rozkładamy na blasze, polewamy 1 łyżką oliwy i pieczemy w temperaturze 180–200°C do lekkiej miękkości i zrumienienia. Cebulę i czosnek siekamy i podsmażamy w garnku na oleju. Zalewamy bulionem, dodajemy upieczony kalafior i kalarepki i gotujemy jeszcze przez parę minut. Doprawiamy do smaku. Zupę można zmiksować na gęsty krem albo pozostawić warzywa w całości. Zupę zabielamy mlekiem kokosowym.

SAŁATKA NA RUKOLI
z musztardowym dressingiem

K 336,6 ····· B 25,8 ····· T 13,3 ····· W 27,4 ····· F 4,0

1 PORCJA

- *80 g piersi z kurczaka, indyka lub schabu bez kości*
- *2 garści rukoli*
- *1 łyżeczka migdałów w płatkach*
- *1 ogórek*
- *4 pomidorki koktajlowe*
- *1 łyżeczka oliwy z oliwek*
- *$^1/_2$ marchewki*
- *1 łyżeczka musztardy francuskiej*
- *2 łyżki sorgo*

Mięso rozdrabniamy i pieczemy w piekarniku w temperaturze 180–200°C lub podsmażamy na patelni beztłuszczowej. Sorgo gotujemy według przepisu na opakowaniu. Na talerzu rozkładamy rukolę, pokrojonego ogórka, pomidory, startą na grubych oczkach marchewkę, sorgo i ostudzone mięso. Oliwę mieszamy z musztardą i powstałym sosem polewamy sałatkę. Ewentualnie doprawiamy do smaku.

TYDZIEŃ 2

SEREK
z pomidorem i kiełkami

K 324,9 ····· B 17,7 ····· T 6,5 ····· W 44,4 ····· F 5,1

1 PORCJA

- *½ opakowania serka wiejskiego*
- *1 pomidor*
- *2 kromki chleba żytniego*
- *2 łyżki kiełków brokuła*

Serek mieszamy z pokrojonym w kostkę pomidorem, kładziemy na pieczywo i posypujemy kiełkami.

KOKOSOWA
kasza gryczana z borówkami

1 PORCJA

K 252,2 ····· B 7,9 ····· T 6,9 ····· W 33,5 ····· F 9,8

- *3 łyżki kaszy gryczanej niepalonej*
- *3 łyżki mleka kokosowego*
- *$^1/_2$ szklanki wody*
- *1 łyżeczka maku*
- *1 łyżeczka mielonego siemienia lnianego*
- *1 garść borówek*
- *1 łyżeczka ksylitolu*
- *sól himalajska*

Kaszę gryczaną gotujemy w wodzie według przepisu na opakowaniu. Ostudzoną kaszę miksujemy na pudding z resztą składników. Posypujemy borówkami.

BURGERY
z batatów, fasoli i quinoa

K 451,4 ····· B 15,6 ····· T 18,5 ····· W 46,1 ····· F 12,7

4 PORCJE

- *2 bataty*
- *1 puszka czerwonej fasoli konserwowej*
- *7 łyżek komosy ryżowej*
- *1 łodyga rozmarynu*
- *1 łyżka oliwy z oliwek*
- *sproszkowana papryka chili, sól*

Bataty obieramy, kroimy w kostkę i gotujemy na półtwardo. Komosę ryżową gotujemy według przepisu na opakowaniu. Wszystkie składniki miksujemy, z powstałej masy formujemy burgery i zapiekamy przez ok. 20 minut w piekarniku w temperaturze 180–200°C.

Surówka z kapusty pekińskiej

- *2 łyżki nasion słonecznika*
- *½ papryki czerwonej*
- *½ ogórka kiszonego*
- *1 łyżeczka oliwy z oliwek*
- *2 liście kapusty pekińskiej*

Warzywa rozdrabniamy według uznania, mieszamy z oliwą z oliwek i posypujemy pestkami słonecznika. Sałatkę podajemy z burgerami.

KRUPNIK
jaglany

1 PORCJA

K 218,2 ····· B 7,1 ····· T 1,6 ····· W 40,4 ····· F 7,2

- *$^3/_4$ szklanki wody*
- *4 łyżki kaszy jaglanej ugotowanej na półtwardo*
- *150 g włoszczyzny*
- *1 łyżeczka posiekanej natki pietruszki*

Włoszczyznę kroimy w cienkie paski lub wykorzystujemy już gotową włoszczyznę mrożoną. Gotujemy w wodzie z dodatkiem ulubionych przypraw. Do miseczki wsypujemy kaszę i zalewamy ją zupą. Posypujemy natką pietruszki.

SAŁATKA
z pomarańczą i kurczakiem

K 266,3 ····· B 23,8 ····· T 11,9 ····· W 16,0 ····· F 3,2

1 PORCJA

- *100 g piersi z kurczaka lub indyka*
- *1/3 pomarańczy*
- *10 liści sałaty*
- *1 łyżeczka nasion słonecznika*
- *1/2 listka kolendry*
- *1 plaster cebuli dymki*
- *kilka orzechów nerkowca*
- *1 łyżeczka kiełków rzodkiewki*
- *1/2 pomidora*

Sałatę rozdrabniamy na małe kawałki, pomidora, cebulę, pomarańczę kroimy w kostkę, pierś z kurczaka w kostkę lub paseczki i podsmażamy na patelni beztłuszczowej. Wszystkie składniki mieszamy i doprawiamy do smaku.

OMLET
ze szparagami

1 PORCJA

K 398,8 ····· B 21,9 ····· T 15,5 ····· W 38,5 ····· F 8,2

- *2 jajka*
- *2 zielone szparagi*
- *1/4 małej cukinii*
- *4 pomidorki koktajlowe*
- *1/2 łyżeczki oleju rzepakowego*
- *1 łyżka płatków owsianych*
- *1/2 łyżeczki nasion lnu*
- *2 kromki chleba żytniego*

Szparagi kroimy w kostkę, pomidory koktajlowe na 4 części, cukinię ścieramy na tarce lub drobno kroimy. Warzywa podsmażamy na oleju rzepakowym. Jajka, płatki owsiane i siemię lniane mieszamy, doprawiamy ulubionymi przyprawami do smaku i wylewamy na warzywa. Smażymy na małym ogniu, a kiedy masa jajeczna się zetnie, przewracamy do smażenia na drugą stronę. Omlet podajemy z pieczywem.

CZERWONY

koktajl warzywno-owocowy

K 168,6 ····· B 5,7 ····· T 2,8 ····· W 25,7 ····· F 8,5

1 PORCJA

- *3 garści truskawek*
- *1 łyżka płatków owsianych górskich*
- *$^1/_2$ łyżeczki nasion chia*
- *4 listki mięty*
- *$^1/_2$ papryki czerwonej*
- *$^1/_2$ kalarepy*

Paprykę i kalarepę kroimy w kostkę i miksujemy z resztą składników, dodając tyle wody, by uzyskać lubianą przez nas konsystencję koktajlu.

BOEUF
Stroganow

1 PORCJA

K 407,2 ····· B 28,2 ····· T 13,2 ····· W 39,9 ····· F 6,4

- *80 g wołowiny, najlepiej polędwicy*
- *$^{1}/_{3}$ cebuli*
- *1 łyżka koncentratu pomidorowego*
- *1 łyżeczka oleju rzepakowego*
- *2 pieczarki*
- *$^{2}/_{3}$ łodygi selera naciowego*
- *7 łyżek ugotowanej kaszy gryczanej*
- *3 ogórki kiszone*
- *1 plaster cebuli czerwonej*

Polędwicę kroimy na plasterki, a następnie w paski w poprzek włókien mięsa. Rozbijamy delikatnie mięso tępą stroną noża. Płatki owsiane mielimy na mąkę i oprószamy nią mięso. Podsmażamy je na oleju. Dodajemy cebulę, a gdy będzie szklista, dolewamy $^{1}/_{4}$ szklanki wody i koncentrat pomidorowy. Doprawiamy do smaku solą i pieprzem. Podajemy z kaszą gryczaną i ogórkiem kiszonym.

WEGAŃSKI
pasztet jaglany

K 211,9 ····· B 6,6 ····· T 10,3 ····· W 19,9 ····· F 6,5

5 PORCJI

- *1,5 łyżki sosu sojowego*
- *1 cebula*
- *$^1/_2$ pietruszki*
- *$^1/_2$ plastra selera korzeniowego*
- *4,5 łyżki oleju rzepakowego*
- *7,5 łyżki gotowanej soczewicy czerwonej*
- *5 łyżek kaszy jaglanej ugotowanej na półtwardo lub płatków jaglanych*
- *1 papryka*
- *1 ogórek*
- *3 liście laurowe, 3 ziaren ziela angielskiego, 2 goździki, 1 ziarno jałowca, 1 łyżeczka majeranku, $^1/_2$ łyżeczki zmielonej gałki muszkatołowej*
- *sól, pieprz*

Pietruszkę i seler ścieramy na grubych oczkach tarki. Kroimy w kostkę cebulę i podsmażamy na 1 łyżce oleju z liśćmi laurowymi, zielem angielskim, goździkami i jałowcem. Po usmażeniu wyjmujemy przyprawy. Miksujemy ugotowaną kaszę z soczewicą, olejem, sosem sojowym, cebulą i pozostałymi przyprawami. Dodajemy warzywa do masy i jeszcze raz miksujemy na gładko. Przekładamy masę do foremki wyłożonej papierem do pieczenia i pieczemy w nagrzanym do 180°C piekarniku przez ok. 50 minut.

ŚWIEŻA
sałatka

1 PORCJA

K 326,8 ····· B 12,4 ····· T 10,1 ····· W 43,3 ····· F 7,7

- *¼ brokuła*
- *4 pomidorki koktajlowe*
- *2 rzodkiewki*
- *1 łyżeczka migdałów w płatkach*
- *1 łyżeczka oliwy z oliwek*
- *1 łyżka kiełków rzodkiewki*
- *1 łyżka kiełków brokuła*
- *3 garści roszponki*
- *5 łyżek ugotowanego ryżu brązowego lub komosy*

Brokuła blanszujemy. Na talerz wykładamy roszponkę, pokrojone na pół pomidory i rzodkiewkę oraz rozdrobnionego na małe różyczki brokuła. Następnie dodajemy ryż brązowy oraz kiełki, wszystko polewamy oliwą z oliwek i ewentualnie doprawiamy do smaku.

PIECZONE RACUCHY

z owocami

5 PORCJI

Ⓚ 233,2 ····· Ⓑ 8,2 ····· Ⓣ 6,4 ····· Ⓦ 32,8 ····· Ⓕ 5,0

- *5 garści truskawek*
- *4 garści borówek amerykańskich*
- *1 pomarańcza*
- *4,5 łyżki mąki z amarantusa*
- *4,5 łyżki mąki jaglanej*
- *4,5 łyżki mąki ryżowej*
- *1 łyżka oleju rzepakowego*
- *2 jajka*
- *$^{3}/_{4}$ szklanki mleka sojowego*
- *1 łyżeczka sody oczyszczonej*

Owoce rozdrabniamy i mieszamy dokładnie ze wszystkim pozostałymi składnikami do uzyskania jednolitej masy. Na blasze wyłożonej papierem do pieczenia układamy łyżką masę, pozostawiając między poszczególnymi porcjami odstępy, gdyż racuchy lekko urosną, i zapiekamy w piekarniku w temperaturze 200°C przez ok. 15 minut. Racuchy można również usmażyć na patelni beztłuszczowej.

SAŁATKA
z pieczonym kalafiorem

K 177,1 ····· B 7,4 ····· T 10,2 ····· W 9,6 ····· F 7,4

1 PORCJA

- *1 łyżeczka soku z cytryny*
- *1 łyżeczka kaparów*
- *1 łyżka natki pietruszki*
- *4 pomidorki koktajlowe*
- *$^{1}/_{3}$ czerwonej cebuli*
- *1 łyżka orzechów laskowych*
- *$^{1}/_{3}$ kalafiora*
- *sól, pieprz*
- *sproszkowana papryka chili*

Kalafiora rozdrabniamy na różyczki i pieczemy w piekarniku w temperaturze 180°C przez 20 minut. Z pomidorów, pokrojonej cebuli, upieczonego kalafiora i reszty składników przygotowujemy sałatkę. Doprawiamy do smaku.

MAKARON
z łososiem

1 PORCJA

K 515,3 ····· B 32,8 ····· T 17,3 ····· W 52,3 ····· F 11,0

- *80 g łososia bez skóry*
- *1,5 szklanki gotowanego makaronu razowego*
- *1 ząbek czosnku*
- *1 plaster imbiru*
- *1 łyżeczka octu ryżowego*
- *1 łyżeczka sezamu*
- *$^1/_2$ papryki czerwonej*
- *$^1/_4$ brokuła*
- *$^1/_3$ cebuli*
- *2 łyżki sosu sojowego*

Warzywa drobno rozdrabniamy i mieszamy z sosem powstałym z czosnku, imbiru, octu i sosu sojowego. Łososia pieczemy w piekarniku, podajemy z makaronem i sałatką.

KREM
z batata

K 241,4 ····· B 5,1 ····· T 1,3 ····· W 44,5 ····· F 8,0

1 PORCJA

- *1 batat*
- *6 listków kolendry*
- *1 łyżka mleka kokosowego*
- *1 ząbek czosnku*
- *$^{1}/_{4}$ cebuli*
- *1 szklanka bulionu warzywnego*
- *1 łodyga rozmarynu*
- *sól himalajska, pieprz*

Batаty obieramy i kroimy w kostkę. Gotujemy w bulionie do miękkości, doprawiamy przyprawami, miksujemy na krem, zabielamy mlekiem kokosowym i posypujemy posiekaną świeżą kolendrą.

LEKKA
sałatka

1 PORCJA

K 336,4 ····· B 8,5 ····· T 17,5 ····· W 34,1 ····· F 5,3

- *2 garści rukoli*
- *1 pomidor*
- *½ cebuli dymki*
- *1 plaster sera rokpol*
- *1 łyżka oliwy z oliwek*
- *1 łyżka czarnych oliwek*
- *2 kromki chleba żytniego*

Na talerzu rozkładamy rukolę, następnie pokrojonego w plasterki pomidora, dymkę, oliwki oraz pokruszony ser. Polewamy oliwą z oliwek i ewentualnie doprawiamy do smaku.

KASZA JAGLANA
z prażonym jabłkiem i orzechami

K 392,8 ····· B 11,8 ····· T 10,4 ····· W 57,6 ····· F 10,7

1 PORCJA

- *5 łyżek kaszy jaglanej ugotowanej na półtwardo lub płatków jaglanych*
- *150 g jogurtu naturalnego*
- *1 łyżka orzechów laskowych*
- *1 jabłko*
- *2 łyżeczki cynamonu*

Jabłko ścieramy na tarce o grubych oczkach lub kroimy w kostkę. Kaszę wkładamy do miseczki, na niej kładziemy jabłko, polewamy jogurtem i posypujemy posiekanymi orzechami oraz cynamonem.

ZIELONY
koktajl

1 PORCJA

K 137,8 ····· B 3,6 ····· T 0,7 ····· W 27,3 ····· F 4,1

- *2 nektarynki*
- *2 garści szpinaku*
- *1 łyżka soku z cytryny*
- *1 szklanka wody*

Miksujemy wszystkie składniki na koktajl.

GRILLOWANA PIERŚ
z kurczaka z warzywną komosą

K 431,1 ····· B 32,3 ····· T 14,9 ····· W 38,8 ····· F 6,5

2 PORCJE

- *200 g piersi z kurczaka*
- *2 łyżki oleju rzepakowego*
- *8 łyżek komosy ryżowej*
- *4 zielone szparagi*
- *6 pomidorków koktajlowych*
- *1 marchewka*
- *1 łyżka groszku zielonego*

Komosę gotujemy według przepisu na opakowaniu. Szparagi i marchewkę kroimy w plastry i gotujemy na parze. Komosę mieszamy z ugotowanymi warzywami. Dodajemy groszek i pokrojone na pół pomidorki. Pierś z kurczaka doprawiamy, lekko skrapiamy olejem i grillujemy. Mięso podajemy z kaszą i warzywami.

KREM
pomidorowo-paprykowy

1 PORCJA

K 154,8 ····· B 4,9 ····· T 6,3 ····· W 16,7 ····· F 6,8

- *1 łyżeczka oleju rzepakowego*
- *1/2 papryki czerwonej*
- *3 pomidory*
- *1 ząbek czosnku*
- *1/4 cebuli*
- *świeży tymianek*
- *świeży rozmaryn*
- *sól himalajska, pieprz*

Pomidory, paprykę, cebulę, czosnek kroimy i podsmażamy na oleju. Zalewamy do połowy warzyw wodą, zagotowujemy, doprawiamy do smaku i miksujemy na krem.

SAŁATKA
z ciecierzycą

K 400,0 ····· B 12,2 ····· T 227 ····· W 31,3 ····· F 10,1

1 PORCJA

- *3 liście sałaty rzymskiej*
- *4 suszone pomidory w oleju*
- *1 łyżka parmezanu*
- *1 kromka chleba żytniego*
- *1 łyżka ugotowanej ciecierzycy*
- *1 łyżka oliwy z oliwek*
- *1 łyżka kiełków rzodkiewki*
- *1 pomidor*

Rozdrabniamy liście sałaty i kładziemy na talerz. Na sałacie rozkładamy pokrojonego w kostkę pomidora świeżego, pomidory suszone pokrojone w cienkie paseczki, ciecierzycę i kiełki. Polewamy łyżką oliwy, ścieramy na wierzch parmezan i ewentualnie doprawiamy do smaku. Podajemy z pieczywem.

JAJKA
z pieczarkami i papryką

1 PORCJA

K 303,8 ····· B 19,3 ····· T 13,9 ····· W 23,4 ····· F 6,8

- *1 łyżka czarnych oliwek*
- *1 garść rukoli*
- *3 pieczarki*
- *$^1/_4$ puszki pomidorów*
- *1 ząbek czosnku*
- *2 jajka*
- *$^1/_3$ czerwonej papryki*
- *1 kromka chleba żytniego*
- *mielona papryka chili*
- *sól himalajska, pieprz*

Pieczarki i paprykę kroimy w paseczki, czosnek siekamy. Na patelnię razem z pomidorami wrzucamy warzywa i przez chwilę dusimy na małym ogniu. Doprawiamy do smaku i wbijamy na wierzch dwa jajka. Smażymy na małym ogniu, aż jajka będą gotowe (białka ścięte). Podajemy z pieczywem, na rukoli.

KOKTAJL
z gruszką i jarmużem

K 134,2 ····· B 1,4 ····· T 6,2 ····· W 16,5 ····· F 3,0

1 PORCJA

- *1 garść jarmużu*
- *$^3/_4$ gruszki*
- *$^2/_3$ szklanki mleka kokosowego*

Wszystkie składniki miksujemy na koktajl.

KOTLETY
z ciecierzycy

1 PORCJA

K 669,8 ····· B 24,8 ····· T 18,0 ····· W 86,3 ····· F 22,2

- *1 puszka ciecierzycy konserwowej*
- *1 łyżka oliwy z oliwek*
- *1 łyżka posiekanej natki pietruszki*
- *1 ząbek czosnku*
- *4 łyżki gotowanego ryżu brązowego*

Wszystkie składniki mielimy i dokładnie mieszamy, doprawiamy do smaku. Z powstałej masy formujemy kotleciki i zapiekamy je w piekarniku w temperaturze 200°C do zrumienienia.

Sałatka warzywna

- *6 liści sałaty*
- *2 ogórki*
- *$^1/_2$ cebuli dymki*
- *$^1/_4$ papryki zielonej*
- *1 łyżka kiełków rzodkiewki*
- *2 łyżki jogurtu naturalnego*

Sałatę rozdrabniamy na mniejsze kawałki. Ogórki, cebulę i paprykę kroimy w kostkę. Mieszamy wszystkie warzywa, polewamy jogurtem i ewentualnie doprawiamy do smaku. Sałatkę podajemy z kotlecikami.

ZUPA CURRY
z pieczonego kalafiora i kalarepki z kaszą jaglaną

K 229,5 ····· B 12,8 ····· T 2,1 ····· W 34,5 ····· F 10,9

1 PORCJA

- *1 listek świeżej kolendry*
- *$^1/_4$ łyżeczki kuminu*
- *1 ząbek czosnku*
- *1 kalarepa*
- *$^1/_2$ kalafiora*
- *1 szklanka bulionu warzywnego*
- *2,5 łyżki kaszy jaglanej ugotowanej na półtwardo*
- *sól himalajska, pieprz*
- *$^1/_2$ łyżeczki curry*

Kalafiora dzielimy na różyczki, kalarepę obieramy i kroimy w kostkę. Warzywa pieczemy w piekarniku przez ok. 20 minut w temperaturze 200°C. Wkładamy upieczone warzywa do garnuszka i zalewamy bulionem. Doprawiamy do smaku. Do zupy dodajemy ugotowaną kaszę i posypujemy posiekaną świeżą kolendrą.

GUACAMOLE

z pieczywem i warzywami

1 PORCJA

K 232,7 ····· B 4,8 ····· T 11,6 ····· W 24,4 ····· F 6,2

- *$^1/_2$ awokado*
- *1 ząbek czosnku*
- *$^1/_4$ cytryny*
- *1 kromka chleba żytniego*
- *1 garść roszponki*
- *1 pomidor*
- *sól himalajska, pieprz*

Awokado obieramy, wyjmujemy pestkę, drobno kroimy i mieszamy z pokrojonym drobno pomidorem bez skóry, przeciśniętym przez praskę czosnkiem, sokiem z cytryny, solą i pieprzem. Podajemy z pieczywem i roszponką.

PASTA
pieczarkowa

K 239,5 ····· B 7,1 ····· T 3,6 ····· W 36,9 ····· F 6,5

5 PORCJI

- *7 łyżek kaszy jaglanej*
- *3 duże pieczarki portobello*
- *4 ogórki kiszone*
- *1 łyżka oleju rzepakowego*
- *1 łyżka posiekanej natki pietruszki*
- *1 ząbek czosnku*
- *5 kromek pieczywa razowego*
- *5 pomidorów*
- *2,5 garści roszponki*
- *sól, pieprz*

Kaszę jaglaną gotujemy według przepisu na opakowaniu. Pieczarki i czosnek drobno kroimy i podsmażamy na oleju. Ogórki kiszone kroimy w drobną kostkę. Kaszę, ogórki, pieczarki mieszamy i doprawiamy do smaku. Możemy je zmiksować na pastę. Mieszamy z natką pietruszki. Pastę podajemy z pieczywem, pomidorem i roszponką.

KOKTAJL
z pokrzywy i jęczmienia

1 PORCJA

K 198,5 ····· B 4,4 ····· T 7,4 ····· W 27,4 ····· F 5,0

- *1/2 garści pokrzywy*
- *1 kiwi*
- *3/4 szklanki wody*
- *1/2 łyżeczki młodego zielonego jęczmienia*
- *1/2 jabłka*

Do podania
- *1 garść borówek*
- *1 łyżka orzechów nerkowca*

Wszystkie składniki miksujemy na koktajl. Podajemy z borówkami i orzechami.

FASZEROWANA
papryka z wołowiną

K 436,5 ····· B 33,2 ····· T 12,8 ····· W 44,0 ····· F 8,7

1 PORCJA

- *100 g mielonego mięsa wołowego*
- *1 papryka czerwona*
- *$^1/_3$ szklanki pomidorów krojonych z puszki (w soku)*
- *8 łyżek ugotowanej kaszy pęczak*
- *1 łyżeczka posiekanej natki pietruszki*
- *$^1/_2$ jajka*
- *1 łyżeczka oliwy z oliwek*
- *1 łyżeczka koncentratu pomidorowego*
- *1 ząbek czosnku*
- *$^1/_2$ cebuli*

Obsmażamy zmielone mięso z pokrojoną cebulką na małej ilości tłuszczu. Następnie mieszamy je z pozostałymi składnikami (oprócz papryki) i doprawiamy do smaku. Paprykę wypełniamy farszem i pieczemy przez ok. 20 minut w temperaturze 160°C.

ZUPA
ogórkowa

4 PORCJE

K 244,0 ····· B 7,2 ····· T 6,8 ····· W 33,5 ····· F 6,7

- *8 ogórków kiszonych*
- *6 szklanek bulionu warzywnego*
- *8 łyżek kaszy orkiszowej*
- *2 łyżki oliwy z oliwek*
- *$^1/_2$ cebuli*
- *1 mały por*
- *1 marchew*
- *$^1/_4$ pietruszki*
- *1 plaster selera korzeniowego*
- *1 łyżka posiekanej natki pietruszki*
- *$^1/_2$ łyżeczki chili*
- *1 liść laurowy*
- *2 ziarnka ziela angielskiego*

Pora i cebulę kroimy na cieniutki plasterki, marchewkę, pietruszkę i selera w kostkę, ogórki ścieramy na tarce. Pora i cebulę podsmażamy na oleju. Do bulionu dodajemy wszystkie warzywa (oprócz natki pietruszki) oraz przyprawy i kaszę. Gotujemy do miękkości. Już w miseczce posypujemy natką pietruszki.

SAŁATKA
ze szpinaku i pomidorów

K 379,0 ····· B 26,9 ····· T 15,3 ····· W 30,6 ····· F 5,5

1 PORCJA

- *2 łyżki jogurtu naturalnego*
- *1 pomidor*
- *2 garści szpinaku*
- *100 g łososia*
- *8 łyżek gotowanego ryżu brązowego*
- *1/2 łyżki oleju lnianego*
- *oregano*
- *sól, pieprz*

Łososia doprawiamy solą i pieprzem i pieczemy w piekarniku przez ok. 20 minut w temperaturze 180°C. Pomidory kroimy w ósemki. Mieszamy warzywa z ryżem, olejem i oregano. Rozdrabniamy łososia i podajemy na warzywach z ryżem.

FRITTATA
z warzywami

K 314,9 ····· B 19,3 ····· T 17,0 ····· W 18,5 ····· F 5,7

1 PORCJA

- *2 jajka*
- *1 łyżeczka oleju rzepakowego*
- *1/3 żółtej papryki*
- *1 garść szpinaku*
- *3 pomidori koktajlowe*
- *2 pieczarki*
- *1 łyżeczka posiekanego szczypiorku*
- *1/4 cukinii*
- *1 kromka chleba razowego*
- *sól, pieprz*

Paprykę, pieczarki i cukinię kroimy w kostkę, pomidorki na połówki. Mieszamy ze szpinakiem, przyprawami i jajkami. Wlewamy do niskiego naczynia żaroodpornego i zapiekamy w piekarniku przez ok. 20 minut w temperaturze 180°C. Posypujemy szczypiorkiem i podajemy z pieczywem.

PUDDING JAGLANY

z jagodami

1 PORCJA

K 218,2 ····· B 5,7 ····· T 5,4 ····· W 34,2 ····· F 5,5

- *$^3/_4$ szklanki napoju migdałowego*
- *$^1/_2$ szklanki jagód*
- *3,5 łyżki kaszy jaglanej*
- *1 łyżeczka ksylitolu*
- *$^1/_2$ łyżeczki cynamonu*

Kaszę gotujemy według przepisu na opakowaniu na półtwardo i miksujemy razem z napojem, ksylitolem i cynamonem, tak by powstał pudding. Posypujemy jagodami.

CURRY INDYJSKIE
z dynią, ciecierzycą i szpinakiem

K 456,2 ····· B 18,9 ····· T 6,9 ····· W 65,5 ····· F 23,7

2 PORCJE

- *15 łyżek ugotowanej ciecierzycy*
- *1 cebula*
- *1 plaster imbiru*
- *1 ząbek czosnku*
- *300 g dyni*
- *$^1/_2$ szklanki passaty pomidorowej*
- *1 garść szpinaku*
- *10 pomidorków koktajlowych*
- *6 łyżek ugotowanego ryżu brązowego*
- *1 łyżeczka kminu rzymskiego*
- *1 łyżeczka kurkumy*
- *2 listki kolendry*
- *1 łyżeczka cynamonu*
- *1 łyżeczka mielonej słodkiej papryki*
- *1 łyżeczka kardamonu*
- *sproszkowana papryczka chili*

Na rozgrzanej patelni przez kilka minut podprażamy przyprawy. Dodajemy pokrojoną w kostkę dynię, posiekane czosnek i cebulę, szpinak oraz passatę. Dusimy 10 minut. Dodajemy ciecierzycę, posypujemy kolendrą i podajemy z ryżem.

ZUPA KREM
groszkowo-cynamonowa

7 PORCJI

Ⓚ 189,7 ····· Ⓑ 10,8 ····· Ⓣ 6,7 ····· Ⓦ 16,8 ····· Ⓕ 9,9

- *6,5 szklanki groszku zielonego*
- *½ szklanki mleka kokosowego bez cukru*
- *6 szklanek wody*
- *2 łyżki oleju rzepakowego*
- *½ pietruszki, ½ marchewki, 1 mały por*
- *1 łyżeczka cynamonu*
- *3 łyżeczki płatków migdałowych*
- *lubczyk suszony oraz kilka gałązek świeżego*
- *sól*

Groszek rozmrażamy. Jadalną część pora siekamy, a marchewkę i pietruszkę obieramy i przekrawamy wzdłuż. W dużym garnku na rozgrzanym oleju podsmażamy pora, aż do zaszklenia, smażymy przez ok. 3 minuty, dodajemy marchewkę i pietruszkę, solimy i smażymy, mieszając przez ok. 3 minuty. Wlewamy wodę i zagotowujemy. Gotujemy pod przykryciem przez ok. 15 minut. Dodajemy groszek i gotujemy bez przykrycia ok. 45 minut, aż groszek będzie miękki. Na chwilę przed końcem dodajemy suszony lubczyk (świeży dodajemy na końcu). Wyjmujemy marchewkę i pietruszkę, resztę, po dodaniu cynamonu, mleka kokosowego i świeżego lubczyku, miksujemy na gładki krem. W razie potrzeby doprawiamy do smaku.

PASZTET GRYCZANY

z pieczonych warzyw

K 349,6 ····· B 13,8 ····· T 13,1 ····· W 40,1 ····· F 9,7

3 PORCJE

- *8 łyżek soczewicy zielonej*
- *1 pietruszka, 1 cebula*
- *12 pieczarek*
- *1 plaster selera korzeniowego*
- *8 łyżek kaszy gryczanej*
- *1 łyżka masła orzechowego*
- *3 łyżki orzechów włoskich*
- *1 łyżeczka oliwy z oliwek, 2 łyżki oleju rzepakowego, 1,5 łyżki octu balsamicznego*
- *12 ogórków kiszonych*
- *6 garści roszponki*
- *6 kromek chleba razowego*
- *$^1/_3$ łyżeczki cynamonu, $^1/_4$ łyżeczki kminu rzymskiego, $^1/_3$ łyżeczki oregano*
- *1 listek kolendry*
- *sproszkowana papryka chili*

Soczewicę gotujemy do miękkości. Kaszę gryczaną gotujemy według przepisu na opakowaniu. Pietruszkę, seler, pieczarki i cebulę ścieramy na tarce i podsmażamy na oliwie. Warzywa mieszamy z soczewicą, kaszą, masłem orzechowym, olejem rzepakowym oraz przyprawami. Następnie mielimy i mieszamy z posiekanymi drobno orzechami. Wkładamy do foremki wyłożonej papierem do pieczenia. Pieczemy przez ok. 30 minut w temperaturze 180°C. Wystudzony pasztet podajemy z pieczywem, ogórkami i roszponką.

TYDZIEŃ 3

HUMMUS
z suszonymi pomidorami

K 339,8 ····· B 13,1 ····· T 5,2 ····· W 53,6 ····· F 11,4

1 PORCJA

- *1 ząbek czosnku*
- *$^1/_2$ łyżeczki tahini*
- *2 suszone pomidory w oleju*
- *4 łyżki gotowanej ciecierzycy*
- *50 ml wody*
- *$^1/_4$ łyżeczki kuminu*
- *$^1/_3$ łyżeczki oregano*

Do podania
- *2 kromki chleba razowego*
- *$^1/_2$ cykorii*
- *2 ogórki*

Wszystkie składniki miksujemy na pastę. Hummus podajemy z pieczywem i warzywami.

PUDDING CHIA

z mango i granatem

1 PORCJA

K 293,1 ····· B 5,4 ····· T 10,5 ····· W 38,4 ····· F 10,0

- *4 łyżeczki nasion chia*
- *$^{1}/_{4}$ granatu*
- *$^{1}/_{10}$ mango*
- *1 szklanka mleka ryżowego*
- *1 łyżeczka ksylitolu*

Mieszamy mleko z ksylitolem i nasionami chia. Odstawiamy pudding na minimum 5 godzin. Podajemy posypany ziarnami granatu i pokrojonym w kostkę mango.

KOTLETY
greckie

1 PORCJA

K 434,2 ····· B 31,9 ····· T 14,4 ····· W 39,9 ····· F 4,5

- *120 g wołowiny*
- *$^1/_4$ pomidora*
- *1 plaster cebuli czerwonej*
- *1 listek bazylii*
- *1 łyżka posiekanej świeżej mięty*

Sos jogurtowy
- *2 łyżki jogurtu naturalnego*
- *1 łyżeczka ziół prowansalskich*
- *sól himalajska, pieprz*

Do podania
- *10 łyżek gotowanej kaszy jęczmiennej pęczak*
- *5 listków sałaty*
- *$^1/_2$ pomidora*

Wołowinę drobno siekamy, dodajemy pokrojonego w małą kostkę pomidora bez skóry, poszatkowaną cebulę oraz zioła. Mieszamy i formujemy małe kotleciki. Zapiekamy je w piekarniku przez ok. 20 minut w temperaturze 180–200°C. Z jogurtu i przypraw przygotowujemy sos. Kotleciki podajemy z sosem i kaszą, na sałacie z pomidorem.

ZUPA
paprykowa

K 157,7 ····· B 4,9 ····· T 6,2 ····· W 17,6 ····· F 4,2

4 PORCJE

- *1,5 l bulionu warzywnego*
- *6 łyżek kaszy orkiszowej*
- *1 plaster selera korzeniowego*
- *1 por*
- *½ cebuli*
- *2 łyżki oliwy z oliwek*
- *2 duże papryki*
- *1 łyżka posiekanej natki pietruszki*
- *2 ziarnka ziela angielskiego*
- *1 liść laurowy*
- *sproszkowana papryczka chili*

Pora, cebulę i paprykę drobno kroimy i podsmażamy na oliwie. Seler ścieramy na tarce, zalewamy bulionem, dodajemy podsmażonego pora i cebulę, przyprawy oraz kaszę. Gotujemy przez ok. 25 minut. Zupę na talerzu posypujemy natką pietruszki.

SAŁATKA
z pieczoną marchewką i serem feta

K 304,5 ····· B 13,0 ····· T 12,3 ····· W 31,6 ····· F 9,2

1 PORCJA

- *1 łyżeczka kiełków rzodkiewki*
- *1 ząbek czosnku*
- *1 łyżeczka oliwy z oliwek*
- *40 g sera feta*
- *4 pomidorki koktajlowe*
- *1 łyżka soku z cytryny*
- *1 łyżka nasion granatu*
- *3 marchewki*
- *6 liści sałaty*
- *1 garść rukoli*
- *1 garść roszponki*
- *3 łyżki gotowanej komosy ryżowej*
- *sproszkowana papryczka chili*
- *sól himalajska, pieprz*

Marchewki obieramy, kroimy w paseczki, rozkładamy na blaszce, posypujemy solą, chili i pieczemy przez ok. 15 minut w temperaturze 180°C. Na talerzu rozkładamy rozdrobnioną sałatę, roszponkę, rukolę, przekrojone na pół pomidorki, komosę, pokrojony w kosteczkę ser feta i upieczone marchewki. Posypujemy granatem, kiełkami i polewamy oliwą oraz sokiem z cytryny.

WRAPY ZIOŁOWE

z szynką parmeńską

1 PORCJA

K 433,1 ····· B 27,4 ····· Y: 18,5 ····· W 36,2 ····· F 5,5

- *2 plastry szynki parmeńskiej*
- *1 suszony pomidor*
- *$^1/_3$ papryki czerwonej*
- *1 niewielki ogórek*
- *4 liście sałaty*
- *1 łyżka serka naturalnego*
- *1 łyżeczka oleju rzepakowego*
- *2 jajka*
- *1 łyżka posiekanej natki pietruszki*
- *$^1/_3$ łyżeczki oregano*
- *szczypiorek, rozmaryn, tymianek, bazylia*
- *2 kromki chleba żytniego*

Jajka roztrzepujemy z przyprawami. Na patelni rozgrzewamy olej i wlewamy jajka. Smażymy na bardzo małym ogniu, a kiedy jajka się zetną, zdejmujemy wrapa jajecznego na talerz. Smarujemy go serkiem, układamy szynkę, sałatę, pokrojonego ogórka, pomidora, posypujemy szczypiorkiem. Zawijamy wrapa. Podajemy z pieczywem.

RAFAELLO
z kaszy jaglanej

K 232,1 ····· B 3,8 ····· T 13,6 ····· W 20,6 ····· F 6,1

1 PORCJA

- *1 łyżka migdałów*
- *1 łyżeczka ksylitolu*
- *3 łyżki wiórków kokosowych*
- *1 łyżka kaszy jaglanej*
- *2 łyżki mleka kokosowego*
- *1 pomarańcza*

Kaszę jaglaną gotujemy według przepisu na opakowaniu. Miksujemy z 1 łyżką podprażonych na patelni wiórków kokosowych, mlekiem kokosowym i ksylitolem. Formujemy kuleczki i do środka wkładamy migdały. Obtaczamy w nieprażonych wiórkach kokosowych. Podajemy z pomarańczą.

PIECZONE
jaglane pulpeciki z ciecierzycą

1 PORCJA

K 391,9 ····· B 18,1 ····· T 9,1 ····· WO: 51,0 ····· F 15,5

- *½ dużej cukinii*
- *1 ząbek czosnku*
- *¼ puszki pomidorów w sosie*
- *2 suszone pomidory w oleju*
- *1 łyżeczka oliwy z oliwek*
- *⅓ pora*
- *3,5 łyżki ugotowanej ciecierzycy*
- *3 łyżki ugotowanej na półtwardo kaszy jaglanej*
- *¼ ugotowanego brokuła*
- *bazylia świeża*
- *kurkuma*
- *mielona słodka papryka*
- *kumin*
- *ksylitol*
- *sól himalajska, pieprz*

Miksujemy ugotowaną kaszę z ciecierzycą i suszonymi pomidorami, formujemy pulpeciki i pieczemy w temperaturze 180°C, aż będą rumiane. Przygotowujemy sos. Cukinię ścieramy na tarce o drobnych oczkach, solimy i odstawiamy. Kiedy puści wodę, odlewamy ją. Pora kroimy w cieniutkie paseczki. Drobno kroimy czosnek i razem z porem i cukinią podsmażamy na oliwie. Dodajemy pomidory z puszki oraz do smaku bazylię, sól, pieprz, kurkumę, kumin, ksylitol i paprykę. Pulpeciki polewamy sosem i podajemy z gotowanym brokułem.

KREM
z pieczonych warzyw

K 162,9 ····· B 5,2 ····· T 1,0 ····· W 26,6 ····· F 7,1

1 PORCJA

- *1 szklanka bulionu warzywnego*
- *1 ząbek czosnku*
- *1 pietruszka*
- *1/4 cebuli czerwonej*
- *1/3 cukinii*
- *1/2 batata*
- *szałwia*
- *kumin*
- *rozmaryn*

Batata, cukinię, cebulę, czosnek i pietruszkę kroimy w kostkę i pieczemy w piekarniku przez 25 minut w temperaturze 180°C. Upieczone warzywa zalewamy bulionem, przyprawiamy i zagotowujemy. Miksujemy na gęsty krem.

STIR-FRY

z młodej kapusty i kurczaka

1 PORCJA

K 329,2 ····· B 21,9 ····· T 12,7 ····· W 26,8 ····· F 9,7

- *1 łyżeczka sezamu*
- *2 łyżeczki oleju sezamowego*
- *1 łyżeczka octu ryżowego*
- *1 łyżka sosu sojowego*
- *5,5 liścia kapusty białej*
- *80 g piersi z kurczaka*
- *1 ząbek czosnku*
- *1 plaster imbiru*
- *3 łyżki gotowanego ryżu brązowego*
- *sproszkowana papryczka chili*
- *mięta*
- *szczypiorek*

W woku rozgrzewamy olej sezamowy. Dodajemy pokrojonego w kostkę kurczaka, pokrojoną w cienkie paseczki kapustę, rozdrobniony czosnek, ocet, sos sojowy, sezam oraz przyprawy. Smażymy, mieszając, żeby się nie przypaliło, przez ok. 15 minut. Posypujemy miętą i szczypiorkiem. Podajemy z ryżem.

PASTA
z fasoli

3 PORCJE

K 312,6 ····· B 12,5 ····· T 8,0 ····· W 40,0 ····· F 10,3

- *2 łyżki oleju rzepakowego*
- *1 cebula*
- *1 puszka fasoli konserwowej*
- *3 kromki chleba żytniego*
- *2 ogórki kiszone*
- *1,5 garści roszponki*
- *sól himalajska, pieprz*

Cebulę kroimy w kostkę i smażymy na oleju. Miksujemy z fasolą i przyprawami na pastę. Podajemy z pieczywem, roszponką i ogórkami.

SMOOTHIE
z mango i ogórka

K 105,7 ····· B 1,0 ····· T 0,5 ····· W 22,6 ····· F 2,7

2 PORCJE

- *1 mango*
- *$^1/_2$ dużego ogórka*
- *1 plaster imbiru*
- *kilka listków mięty*

Wszystkie składniki miksujemy na koktajl.

KOTLECIKI
z indyka i cukinii

3 PORCJE

K 538,0 ····· B 42,5 ····· T 16,1 ····· W 51,3 ····· F 6,8

- *200 g mielonej piersi z indyka*
- *2 szklanki ugotowanej na półtwardo kaszy jaglanej*
- *1 łyżeczka soku z cytryny*
- *3 suszone pomidory*
- *$^1/_2$ cukinii*
- *1 cebula*
- *2 łyżki oliwy*
- *2 łyżki posiekanej natki pietruszki*
- *1 ząbek czosnku*
- *kilka listków mięty*
- *$^1/_3$ łyżeczki oregano*
- *$^1/_2$ łyżeczki kuminu*

Mięso z indyka mielimy w maszynce, dodajemy łyżkę zimnej wody i wyrabiamy ręką. Na 1 łyżce oliwy smażymy pokrojoną w kostkę cebulę. Dodajemy przyprawy i smażymy przez minutę. Na drugiej łyżce oliwy smażymy startą na tarce cukinię. Wszystkie podsmażone warzywa oraz pokrojone pomidory suszone mieszamy z mięsem, z natką pietruszki i z powstałej masy formujemy kotleciki. Pieczemy je lub grillujemy przez ok. 4 minuty z każdej strony. Kotleciki podajemy z kaszą jaglaną i sałatką.

Sałatka z pomidorami w cytrynowym dressingu

1
PORCJA

- *5 liści sałaty*
- *4 pomidorki koktajlowe*
- *1 łyżka soku z cytryny*
- *1 łyżeczka oliwy z oliwek*
- *1 ząbek czosnku*
- *$^{1}/_{3}$ łyżeczki oregano*
- *sól himalajska, pieprz*

Rozdrabniamy liście sałaty i przekrawamy wzdłuż pomidorki. Mieszamy oliwę, sok z cytryny i jedną łyżkę wody z oregano i czosnkiem. Do smaku możemy dodać ewentualnie sól i pieprz. Mieszamy warzywa z dressingiem.

KREM
z pietruszki

K 190,0 ····· B 8,1 ····· T 1,6 ····· WP32,6 ····· F 10,1

1 PORCJA

- *1 szklanka bulionu warzywnego*
- *1/3 plastra selera korzeniowego*
- *2 pietruszki*
- *1/3 pora*
- *1/4 cebuli*
- *1 łyżeczka natki pietruszki*
- *1 ząbek czosnku*
- *2 kromki chleba żytniego*

Warzywa rozdrabniamy, zalewamy bulionem i gotujemy do miękkości. Miksujemy na gęsty krem, posypujemy natką pietruszki i podajemy z pieczywem.

PASZTET
z amarantusa i z pieczonych warzyw

6 PORCJI

K 353,9 ····· B 12,7 ····· T 19,5 ····· W 29,3 ····· F 9,0

- *3 łyżeczki octu balsamicznego*
- *2 łyżki oleju rzepakowego*
- *1 łyżeczka oliwy z oliwek*
- *3 łyżki pestek dyni*
- *2 łyżeczki masła orzechowego*
- *1 szklanka amarantusa*
- *1 cebula*
- *12 pieczarek*
- *1 plaster selera korzeniowego*
- *1 pietruszka*
- *2 marchewki*
- *1 listek kolendry*
- *sproszkowana papryka chili*
- *kumin*
- *cynamon*

Cebulę i czosnek rozdrabniamy i smażymy na oliwie. Dodajemy pokrojone pieczarki oraz starte na tarce warzywa i smażymy do miękkości. Gotujemy amarantus według przepisu na opakowaniu. Miksujemy warzywa z amarantusem, przyprawami, octem i masłem orzechowym. Przekładamy do foremki wyłożonej papierem do pieczenia i posypujemy pestkami dyni. Pieczemy przez ok. 30 minut w temperaturze 180°C. Odstawiamy do ostygnięcia.

Dip pomidorowy

3 PORCJE

- *2 łyżki oliwy z oliwek*
- *1 papryczka chili*
- *1 ząbek czosnku*
- *$^1/_2$ cebuli dymki*
- *$^1/_4$ puszki puszki pomidorów w zalewie*
- *1 łyżeczka oregano*
- *1 łyżeczka bazylii*
- *sól himalajska, pieprz*

Na patelni podsmażamy pokrojoną cebulę i czosnek. Dodajemy pomidory z puszki, przyprawy i zagotowujemy.

Do podania
- *1 garść rukoli*
- *1 garść roszponki*

Pasztet podajemy z sosem i sałatkami.

SMOOTHIE BOWL

z owocami, orzechami i nasionami chia

4 PORCJE

K 326,0 ····· B 9,0 ····· T 12,0 ····· W 41,4 ····· F 10,7

- *2 kiwi*
- *2 garści borówek amerykańskich*
- *1 szklanka napoju migdałowego*
- *7 garści truskawek*
- *2 łyżeczki nasion chia*
- *1 pitaja (tzw. smoczy owoc)*
- *½ garści porzeczek*
- *10 łyżek płatków owsianych*
- *2 łyżki skórki z pomarańczy*
- *2 łyżki orzechów nerkowca*
- *2 łyżki migdałów*
- *świeża mięta*
- *½ łyżeczki cynamonu*

Do kielicha blendera wlewamy napój migdałowy, dodajemy cynamon, połowę borówek i truskawki. Całość miksujemy na gładką masę. Dodajemy nasiona chia i mieszamy. Smoothie przelewamy do miseczek i wstawiamy do lodówki na 2 godziny. Na suchej patelni osobno podprażamy orzechy nerkowca i migdały. Smoczy owoc kroimy w plasterki. Miseczki dekorujemy pozostałymi świeżymi i suszonymi owocami, orzechami. Przyozdabiamy listkami mięty i skórką z pomarańczy.

DOMOWY

ajvar

8
PORCJI

K 297,7 ····· B 11,1 ····· T 8,9 ····· W 37,9 ····· F 10,9

- *3 łyżki oliwy z oliwek*
- *4 ząbki czosnku*
- *2 cebule*
- *1 bakłażan*
- *1 papryczka chili*
- *4 papryki czerwone*
- *1 łyżeczka mielonej słodkiej papryki*
- *1 łyżeczka mielonej papryki chili*

Do podania na 1 porcję

- *2 łodygi selera naciowego*
- *$^1/_2$ kalarepy*
- *$^1/_2$ łyżki sezamu*
- *$^1/_3$ cykorii*
- *3 kromki chleba graham*

Na blaszce układamy: paprykę i 1 cebulę pokrojone w ćwiartki, papryczkę chili przekrojoną wzdłuż na pół, bakłażana pokrojonego na 4 części i 3 ząbki czosnku w łupinkach. Wstawiamy do piekarnika nagrzanego do 240°C na 20 minut. Następnie wkładamy warzywa do foliowego worka i zamykamy. Po ok. 30 minutach wyjmujemy je i obieramy ze skórek. 1 cebulę i 1 ząbek czosnku obieramy i drobno siekamy. Miksujemy z upieczonymi warzywami (po zmiksowaniu powinny pozostać małe kawałeczki warzyw). Dodajemy oliwę, doprawiamy sproszkowaną papryką, solą i pieprzem. Dokładnie mieszamy. Podajemy z pieczywem i warzywami, posypujemy sezamem.

KASZA GRYCZANA

z kurczakiem i warzywami

K 367,0 ····· B 20,9 ····· T 9,0 ····· W 47,8 ····· F 9,5

2 PORCJE

- *160 g piersi z kurczaka*
- *15 łyżek gotowanej kaszy gryczanej*
- *$^{1}/_{2}$ papryczki chili*
- *1 papryka czerwona*
- *1 cukinia*
- *1 ząbek czosnku*
- *1 cebula*
- *szczypiorek*
- *2 łyżki sosu sojowego*
- *1 łyżka oliwy z oliwek*
- *1 łyżeczka mielonej słodkiej papryki*
- *2 łyżeczki oregano*
- *sól himalajska, pieprz*

Na patelni rozgrzewamy oliwę. Smażymy na niej pokrojone warzywa i pierś z kurczaka przez ok. 15 minut. Doprawiamy i podajemy z kaszą gryczaną.

SZPINAKOWA

zupa krem z fetą

2 PORCJE

K 192,8 ····· B 9,7 ····· T 11,7 ····· W 8,6 ····· F 4,7

- *$^1/_2$ opakowania szpinaku mrożonego*
- *1 ząbek czosnku*
- *1 pietruszka*
- *2 szklanki bulionu warzywnego*
- *1 cebula*
- *60 g sera feta*
- *1 łyżka oliwy z oliwek*
- *1 łyżeczka gałki muszkatołowej*
- *sól, pieprz*

Cebulę i czosnek drobno siekamy i smażymy na oliwie. Zalewamy gorącym bulionem i doprowadzamy do wrzenia. Dodajemy mrożony szpinak i gotujemy pod przykryciem przez ok. 20 minut. Rozkruszamy fetę i $^3/_4$ dodajemy do zupy. Zupę miksujemy na krem. Doprawiamy solą, pieprzem i gałką muszkatołową. Podajemy zupę posypaną kawałkami (resztą) fety.

SAŁATKA CAPRESE
z grillowanym bakłażanem

K 366,7 ····· B 18,9 ····· T 12,0 ····· W 39,8 ····· F 12,1

2 PORCJE

- *5 listków bazylii*
- *1 łyżka zielonego pesto*
- *2 łyżki oliwek*
- *4 pomidory*
- *$^1/_2$ kuli mozzarelli*
- *1 bakłażan*
- *czosnek granulowany*
- *sól*
- *2 kromki chleba graham*

Kroimy bakłażana na cienkie plastry. Solimy i odstawiamy na 5 minut. Spłukujemy zeń gorycz i wysuszamy na ręczniku. Ponownie solimy, dodajemy czosnek i smarujemy wszystkie plasterki oliwą. Grillujemy je na patelni. Kroimy pomidory i mozzarellę w plastry. Przekładamy na talerzu plastry bakłażana, pomidora i sera. Mieszamy pesto z posiekaną bazylią, polewamy tym sosem sałatkę i podajemy z pieczywem.

OMLET
z krewetkami, szpinakiem i pomidorami

K 306,5 ····· B 16,7 ····· T 11,9 ····· W 30,2 ····· F 6,3

1 PORCJA

- *4 krewetki*
- *1 pomidor*
- *1 łyżeczka oleju rzepakowego*
- *1 jajko*
- *1 garść szpinaku*
- *szczypiorek*
- *4 listki kolendry*
- *sól, pieprz*
- *2 kromki chleba graham*

Jajko wbijamy do miski. Ubijamy widelcem, dodajemy pieprz, ponownie mieszamy. Na patelni rozgrzewamy połowę oleju i wlewamy nań rozbełtane jajko. Smażymy przez ok. 2 minuty, aż do delikatnego zabrązowienia całej strony omleta. Następnie obracamy go na drugą stronę. Pomidora kroimy w małą kostkę. Kiedy druga strona omleta będzie gotowa, tj. dostatecznie przypieczona, nakładamy na jedną jego stronę liście szpinaku i pomidora oraz podsmażone wcześniej na drugiej połowie oleju krewetki. Następnie składamy omlet na pół, tak aby warzywa i krewetki były przykryte omletem od dołu i góry. Smażymy tak złożony omlet przez ok. minutę. Podajemy z pieczywem.

LEKKA SAŁATKA

1 PORCJA

K 222,9 ····· B 5,2 ····· T 6,1 ····· W 32,2 ····· F 9,3

- *1 łyżka soku z cytryny*
- *1 łyżeczka ksylitolu*
- *10 liści sałaty lodowej*
- *$^1/_2$ grejpfruta*
- *6 rzodkiewek*
- *1 łyżeczka oliwy z oliwek*
- *1 kromka chleba razowego*

Sałatę rozdrabniamy na kawałki i rozkładamy na talerzu. Dodajemy pokrojone w plasterki rzodkiewek i kawałki obranego ze skórki grejpfruta. Z oliwy, soku i ksylitolu robimy sos i polewamy nim sałatkę. Podajemy z kromką razowego pieczywa.

DORSZ DUSZONY

w porach z brokułem i pomidorową kaszą jaglaną

K 520,1 ····· B 32,7 ····· T 13,4 ····· W 61,3 ····· F 13,1

1 PORCJA

- *100 g fileta z dorsza*
- *$^1/_3$ brokuła*
- *1 por*
- *1 łyżka koncentratu pomidorowego*
- *6 łyżek kaszy jaglanej*
- *$^1/_2$ cytryny*
- *1 łyżka pestek z dyni*
- *1 łyżeczka oliwy z oliwek*
- *1 łyżeczka bazylii*
- *sól*

Rybę doprawiamy solą i bazylią, polewamy oliwą i obkładamy plastrami cytryny, a następnie wkładamy do naczynia żaroodpornego. Pora kroimy i dodajemy do ryby. Całość pieczemy przez ok. 30 minut w temperaturze 180°C. Kaszę gotujemy według przepisu na opakowaniu na półtwardo, dodajemy koncentrat pomidorowy i doprawiamy solą. Brokuła gotujemy na parze. Upieczoną rybę podajemy z ugotowaną kaszą i brokułem, posypanymi pestkami dyni.

ZUPA POMIDOROWA
z cukinią

1 PORCJA

K 246,4 ····· B 10,3 ····· T 9,0 ····· W 28,2 ····· F 13,0

- *1 cebula*
- *2 ząbki czosnku*
- *1 łyżeczka oleju rzepakowego*
- *$^1/_2$ szklanki bulionu warzywnego*
- *1 puszka pomidorów*
- *1 mała cukinia*
- *2 łyżki soku z cytryny*
- *1 łyżeczka pestek z dyni*

Cebulę i czosnek kroimy w drobną kostkę, zrumieniamy na rozgrzanym oleju, dodajemy wywar i pomidory i gotujemy na małym ogniu przez ok. 5 minut. Cukinię przekrawamy wzdłuż na ćwiartki i kroimy w plasterki, dodjemy ją do zupy i gotujemy przez kolejne 5 minut, aż zmięknie. Doprawiamy zupę sokiem z cytryny i pieprzem.

GRILLOWANE
boczniaki z tajską bazylią

1 PORCJA

K 223,5 ····· B 11,1 ····· T 12,5 ····· W 14,6 ····· F 8,6

- *5 boczniaków*
- *2 liście sałaty rzymskiej*
- *2 ząbki czosnku*
- *1 łyżka oliwy z oliwek*
- *1/2 łyżeczki sezamu*
- *natka pietruszki*
- *1 listek bazylii*
- *sól, pieprz*

Boczniaki kroimy na mniejsze kawałki. Chili i czosnek drobno siekamy i smażymy przez chwilę na rozgrzanym oleju. Następnie dodajemy boczniaki i smażymy przez ok. 3 minuty. Dodajemy przyprawy i jeszcze chwilę smażymy. Boczniaki podajemy na sałacie, posypane bazylią i sezamem.

PASTA
z czarnej fasoli

K 384,4 ····· B 15,6 ····· T 11,8 ····· W 37,9 ····· F 18,8

2 PORCJE

- *1 czerwona cebula*
- *2 ząbki czosnku*
- *400 g czarnej fasoli konserwowej*
- *2 łyżki oleju rzepakowego*
- *4 listki kolendry*
- *4 ogórki kiszone*
- *2 kromki pieczywa razowego*
- *$^{1}/_{2}$ łyżeczki soku z limonki*
- *$^{1}/_{2}$ łyżeczki kminu rzymskiego*
- *1 łyżeczka mielonej słodkiej papryki*
- *sproszkowana papryka chili*
- *sól*

Cebulę i czosnek siekamy i podsmażamy na oleju. Miksujemy podsmażoną cebulę i czosnek z fasolą i przyprawami. Podajemy z pieczywem i ogórkami.

KOKTAJL
jagodowy

1 PORCJA

K 203,1 ····· B 2,5 ····· T 3,1 ····· W 38,2 ····· F 8,8

- *½ szklanki napoju ryżowego*
- *2 szklanki czarnych jagód*

Miksujemy wszystkie składniki na koktajl.

BURGERY
z dyni, kaszy jaglanej i soczewicy

K 384,8 ····· B 15,2 ····· T 11,0 ····· W 50,8 ····· F 11,1

5 PORCJI

- *300 g dyni*
- *8 łyżek suchej soczewicy czerwonej*
- *4 łyżki kaszy jaglanej*
- *5 czerwonych papryk*
- *½ łyżeczki sproszkowanej papryczki chili*
- *2 łyżki oliwy z oliwek*
- *2 łyżki mąki kukurydzanej*
- *2 listki świeżej kolendry*
- *1 łyżeczka kurkumy*
- *sól, pieprz*

Dynię ścieramy na tarce o grubych oczkach. Gotujemy kaszę według przepisu na opakowaniu, a soczewicę przez ok. 15 minut bez wcześniejszego namaczania. Ugotowane kaszę i soczewicę mielimy i łączymy z dynią, przyprawami i mąką kukurydzianą. Z powstałej masy formujemy burgery i smażymy je krótko, do zrumienienia na oliwie. Możemy również oliwę dodać do masy i burgery zapiec w piekarniku. Burgery podajemy ze świeżą chrupiącą papryką.

ZUPA CALDO VERDE
z jarmużem

1 PORCJA

K 153,2 ····· B 3,1 ····· T 5,7 ····· W 21,0 ····· F 2,3

- *1 szklanka bulionu warzywnego*
- *3 łyżki kaszy jęczmiennej*
- *1 łyżka oliwy z oliwek*
- *1 cebula*
- *1 ząbek czosnku*
- *3 liście jarmużu*

Cebulę i czosnek drobno kroimy i smażymy na oliwie. Do garnuszka wlewamy bulion, dodajemy cebulę, czosnek, rozdrobniony jarmuż i kaszę. Gotujemy przez ok. 20 minut, aż kasza będzie miękka.

SAŁATKA
makaronowa z mozzarellą

K 377,9 ····· B 18,6 ····· T 19,4 ····· W 29,8 ····· F 6,5

1 PORCJA

- *$^1/_2$ szklanki makaronu pełnoziarnistego*
- *40 g sera mozzarella*
- *1 łyżeczka oliwy z oliwek*
- *5 listków bazylii*
- *2 suszone pomidory odsączone z oleju*
- *3 pomidorki koktajlowe*
- *1 garść rukoli*
- *1 łyżeczka nasion słonecznika*
- *sól, pieprz*

Makaron gotujemy według przepisu na opakowaniu. Pomidorki koktajlowe kroimy na połówki, pomidory suszone w paseczki, a mozzarellę w małą kostkę. Mieszamy wszystkie składniki, polewamy oliwą i doprawiamy do smaku.

SER BIAŁY
z warzywami

1 PORCJA

K 297,0 ····· B 18,9 ····· T 7,0 ····· W 37,4 ····· F 4,6

- *100 g sera twarogowego półtłustego*
- *4 liście sałaty*
- *1/2 pomidora*
- *1/2 dużego ogórka*
- *1/3 papryki*
- *1/2 łyżeczki posiekanego szczypiorku*
- *1/2 łyżeczki oleju lnianego*
- *sól, pieprz*
- *2 kromki chleba razowego*

Ser twarogowy rozdrabniamy i mieszamy z olejem lnianym, szczypiorkiem i przyprawami. Podajemy z pieczywem i warzywami.

ZIELONY KOKTAJL
imbirowy

K 319,6 ····· B 15,3 ····· T 8,6/ W 46,5 ····· F 7,6

1 PORCJA

- *½ cytryny*
- *8 łyżek jogurtu naturalnego*
- *2 łyżki otrębów owsianych*
- *4 łyżki płatków owsianych*
- *2 ogórki*
- *3 garści szpinaku*
- *1 plaster imbiru*

Wszystkie składniki miksujemy na koktajl.

BAKŁAŻANY
faszerowane soczewicą i tahini oraz chrupiącą surówką

4 PORCJE

K 452,2 ····· B 16,1 ····· T 20,9 ····· W 38,9 ····· F 19,2

- *2 bakłażany*
- *7,5 łyżki ugotowanej soczewicy czerwonej*
- *1 cebula, 2 ząbki czosnku*
- *1 łyżeczka posiekanej natki pietruszki*
- *½ limonki*
- *1 łyżka oliwy z oliwek*
- *2 łyżeczki tahini*
- *1 łyżeczka kurkumy*
- *1 łyżeczka oregano*
- *1 łyżeczka kuminu*
- *1 listek kolendry*
- *sproszkowana papryka chili*
- *mielona papryka słodka*
- *sól, pieprz*

Czosnek i cebulę rozdrabniamy i podsmażamy na oliwie. Wydrążamy połówki bakłażanów. Soczewicę mieszamy z cebulą, czosnkiem i przyprawami za wyjątkiem soku z limonki i kolendry. Powstałym farszem nadziewamy połówki bakłażanów i zapiekamy w piekarniku przez ok. 25 minut w temperaturze 180°C. Pastę tahini mieszamy z sokiem z limonki. Bakłażany polewamy sosem i posypujemy kolendrą.

Chrupiąca surówka

4 PORCJE

- *6 liści kapusty białej*
- *1 marchew*
- *1 jabłko*
- *3,5 łyżki orzechów włoskich*
- *3 łyżki soku z cytryny*
- *2 łyżeczki octu ryżowego*
- *1 łyżka oliwy z oliwek*
- *3 łyżeczki ksylitolu*
- *sól himajska, pieprz*

Kapustę cieniutko szatkujemy na desce. Marchewkę i jabłko ścieramy na tarce o grubych oczkach. Orzechy włoskie siekamy i lekko zrumieniamy na patelni. Sok z cytryny mieszamy z octem, ksylitolem i przyprawami. Wszystkie warzywa mieszamy i polewamy sosem.

ZUPA
pieczarkowa

1 PORCJA

K 142,5 ····· B 7,5 ····· T 4,6 ····· W 12,9 ····· F 9,2

- *1,5 szklanki bulionu warzywnego*
- *10 pieczarek*
- *1 łyżeczka oleju rzepakowego*
- *2 plastry selera korzeniowego*
- *1 łyżka posiekanej natki pietruszki*
- *4 łyżki jogurtu naturalnego*
- *½ cebuli*
- *2 marchewki*
- *1 pietruszka*
- *3 liście laurowe*
- *5 ziarenek ziela angielskiego*

Marchewkę, seler i pietruszkę ścieramy na tarce lub kroimy w drobną kostkę. Wkładamy warzywa do garnka, zalewamy bulionem, dodajemy ziele angielskie i liście laurowe. Gotujemy przez 15 minut. Na patelni rozgrzewamy olej i podsmażamy pokrojoną cebulkę oraz pieczarki. Po ok. 5 minutach przekładamy je do garnka z gotującymi się warzywami. Jogurt hartujemy, dodając do niego gorącej zupy i mieszając energicznie. Następnie dodajemy go do zupy. Zupę podajemy posypaną natką pietruszki.

SAŁATKA FAJITA
z indykiem

K 286,0 ····· B 18,7 ····· T 9,0 ····· W 28,6 ····· F 9,0

3 PORCJE

- *13 liści sałaty rzymskiej*
- *200 g piersi z indyka*
- *1 cebula*
- *1 papryka czerwona*
- *1 zielona papryczka jalapeño*
- *1 limonka*
- *½ łyżeczki kuminu*
- *2 łyżki oleju rzepakowego*
- *1 pomidor*
- *3 łyżki ryżu brązowego*
- *1 listek świeżej kolendry*
- *1 łyżeczka papryki słodkiej wędzonej*

Cebulę kroimy w kostkę i podsmażamy na 1 łyżce oleju. Po paru minutach dodajemy pokrojoną w kostkę lub paseczki pierś z indyka oraz ryż. Sałatę rozdrabniamy na mniejsze kawałki, paprykę kroimy w cienkie paseczki lub kostkę. Wszystkie składniki mieszamy, dodając przyprawy i resztę oleju.

TYDZIEŃ 4

RACUCHY
bezglutenowe z jabłkami

K 30,3 ····· B 10,2 ····· T 11,7 ····· W 36,7 ····· F 7,2

4 PORCJE

- *18 łyżek mąki owsianej pełnoziarnistej, bezglutenowej*
- *1 łyżka proszku do pieczenia*
- *2 jajka*
- *3 jabłka*
- *2 łyżki oleju rzepakowego*
- *sól*

Jabłka ścieramy na tarce bez wcześniejszego obierania ze skórki. Mieszamy z mąką, proszkiem do pieczenia, solimy. Racuchy smażymy na oleju.

LEKKA SAŁATKA
z chlebem

1 PORCJA

K 253,2 ····· B 5,0 ····· T 13,2 ····· W 24,7 ····· F 7,6

- *6 liści sałaty*
- *1 łyżka soku z cytryny*
- *1/4 melona*
- *6 rzodkiewek*
- *1 łyżka oliwek czarnych*
- *1 łyżeczka pestek dyni*
- *1 kromka pieczywa razowego*

Sałatę rozdrabniamy na mniejsze kawałki i rozkładamy na talerzu. Na sałatę kładziemy pokrojoną w cienkie plasterki rzodkiewkę, pokrojonego w kostkę melona i oliwki. Polewamy sokiem z cytryny i posypujemy prażonymi pestkami dyni. Sałatkę podajemy z pieczywem.

TAJINE
z wołowiną i bakłażanem

K 456,6 ····· B 24,0 ····· T 13,9 ····· W 50,7 ····· F 12,7

5 PORCJI

- *350 g mięsa z udźca wołowego*
- *5 łyżek ugotowanej ciecierzycy*
- *5 łyżek ryżu brązowego*
- *2 szklanki passaty pomidorowej*
- *1 zielona papryka*
- *2 czerwone cebule*
- *2 ząbki czosnku*
- *1 bakłażan*
- *8 liści kapusty czerwonej*
- *2 marchewki*
- *2 łyżki oleju rzepakowego*
- *curry*
- *½ łyżeczki kminu rzymskiego*
- *1 łyżeczka mielonej słodkiej papryki*
- *sól, pieprz*

Mięso kroimy w kostkę ok. 2×2 cm. Na patelni rozgrzewamy połowę oleju, podsmażamy mięso z każdej strony przez ok. 1 minutę, przekładamy na talerz. Bakłażana kroimy w kostkę, marchewkę w plastry ok. 0,5 cm, czosnek w cienkie plasterki, cebule i paprykę w kostkę ok. 1×1 cm, kapustę szatkujemy. Na patelni po smażeniu mięsa podsmażamy wszystkie warzywa, prócz kapusty, wraz z przyprawami. Całość przekładamy do naczynia tajine, dodajemy kapustę, mięso, passatę pomidorową i tymianek. Przykrywamy i dusimy na wolnym ogniu przez ok. 2 godziny. Dodajemy ciecierzycę, mieszamy. Jeśli mięso nie jest miękkie – dusimy jeszcze przez 30 minut. Mięso podajemy z ugotowanym ryżem.

LEKKI BIGOS

4 PORCJE

K 175,5 ····· B 6,3 ····· T 0,9 ····· W 31,0 ····· F 9,4

- *2 szklanki kapusty kiszonej*
- *1 marchewka*
- *1 plaster selera*
- *1 pietruszka*
- *1/3 małego pora*
- *4 szklanki wody*
- *liść laurowy*
- *3 ziarnka ziela angielskiego*
- *sól, pieprz*

Kapustę kiszoną kroimy na drobne kawałki. Marchewkę, pietruszkę, selera i pora kroimy w kostkę i wszystko wkładamy do garnka. Dodajemy sól (ale niewiele, ponieważ kapusta kiszona jest słona), pieprz, liść laurowy i ziele angielskie. Zalewamy wodą i gotujemy do miękkości.

SAŁATKA
z makaronem, suszonymi pomidorami i pieczoną cukinią

K 319,7 ····· B 12,1 ····· T 10,8 ····· W 38,5 ····· F 8,6

5 PORCJI

- *3,5 szklanki makaronu pełnoziarnistego*
- *2 ząbki czosnku*
- *3 łyżki soku z cytryny*
- *1 cukinia*
- *12 pomidorków koktajlowych*
- *5 pomidorów suszonych*
- *3 łyżki utartego sera grana padano*
- *4 łyżki czarnych oliwek*
- *8 garści szpinaku*
- *świeża bazylia, oregano, sól, pieprz, oliwa z oliwek*

Łączymy wszystkie składniki marynaty: wyciśnięty w prasce czosnek, sok z cytryny, bazylię, oregano, sól i pieprz. Cukinię kroimy w plasterki, zalewamy marynatą i dokładnie mieszamy. Blachę wykładamy papierem do pieczenia, układamy plasterki zamarynowanej cukinii i posypujemy ją startym serem. Wkładamy do piekarnika rozgrzanego do temperatury 180°C i zapiekamy przez ok. 12 minut. Makaron gotujemy zgodnie z instrukcją w wodzie z dodatkiem soli i oliwy z oliwek. Makaron odcedzamy i hartujemy w zimnej wodzie. Pomidorki koktajlowe i oliwki przekrawamy na pół, suszone pomidory kroimy w paski. Dodajemy je do makaronu wraz umytym, osuszonym szpinakiem. Doprawiamy solą i pieprzem. Do sałatki dodajemy upieczone plastry cukinii oraz listki bazylii.

JAJKA NA TWARDO

z brokułem i pomidorem

1 PORCJA

K 351,4 ····· B 19,5 ····· T 20,3 ····· W 19,1 ····· F 5,9

- *2 jajka*
- *1/3 brokuła*
- *1 pomidor*
- *1/2 awokado*
- *1 kromka chleba razowego*

Gotujemy jajka na twardo. Brokuła gotujemy na parze. Pomidora kroimy w ósemki. Brokuła i pomidora jemy razem z jajkami, awokado i pieczywem.

JAGODOWO-KARDAMONOWY
budyń jaglany

K 260,2 ····· B 9,6 ····· T 4,1 ····· W 42,1 ····· F 3,9

1 PORCJA

- *1/3 szklanki czarnych jagód*
- *3,5 łyżki kaszy jaglanej*
- *1/2 szklanki wody*
- *1/2 szklanki napoju roślinnego*
- *kardamon*
- *ksylitol*

Kaszę jaglaną przepłukujemy wrzątkiem dwa razy. Następnie przesypujemy do rondelka i dodajemy napój ryżowy oraz szczyptę soli i gotujemy przez 15 min. Zdejmujemy rondelek z ognia, dodajemy kardamon i ksylitol, energicznie mieszając, na koniec wszystko miksujemy.

KOTLETY RYBNE

z batatami i surówką z kapusty kiszonej

1 PORCJA

K 461,4 ····· B 27,2 ····· T 13,1 ····· W 50,2 ····· F 11,6

- *100 g dorsza*
- *1,5 łyżki ugotowanej na półtwardo kaszy jaglanej*
- *1 szklanka bulionu*
- *1 batat*
- *1 łyżeczka oleju rzepakowego*
- *1 łyżeczka soku z cytryny*
- *1/3 cebuli*
- *1/3 jajka*
- *1/3 łyżeczki kopru ogrodowego*
- *sól, pieprz*

Rybę mielimy z ugotowaną kaszą i jajkiem. Do masy dodajemy sok z cytryny, posiekany koperek, doprawiamy solą i pieprzem. Formujemy pulpety. Na rozgrzanym tłuszczu szklimy drobno pokrojoną cebulkę, a następnie lekko podsmażamy pulpety, zalewamy delikatnie bulionem i dusimy przez ok. 10 minut. Batata kroimy w kostkę i pieczemy.

Surówka z kapusty

- *1 szklanka kapusty kiszonej*
- *1 marchewka*
- *1 łyżka posiekanej drobno natki pietruszki*
- *1 łyżeczka oliwy z oliwek*

Szatkujemy kapustę. Marchew ścieramy na tarce. Wszystkie warzywa i natkę mieszamy z oliwą i przyprawiamy do smaku.

ZUPA POMIDOROWA
z makaronem

K 201,5 ····· B 8,4 ····· T 2,9 ····· W 32,1 ····· F 11,9

1 PORCJA

- *1/3 szklanki makaronu pełnoziarnistego*
- *1/2 cebuli*
- *1 marchewka*
- *1 szklanka pomidorów z puszki*
- *1/2 plastra selera korzeniowego*
- *1/2 pietruszki*
- *1/3 łyżeczki oleju rzepakowego*
- *1,5 szklanki wody*
- *liść laurowy*
- *ziele angielskie*
- *sól, pieprz*

Cebulę, seler, marchew i pietruszkę drobno kroimy, razem z przyprawami zalewamy w garnuszku wodą i gotujemy przez ok. 10 minut. Dodajemy odrobinę oleju, pomidory i gotujemy jeszcze przez 5 minut. Zupę podajemy z makaronem pełnoziarnistym ugotowanym według przepisu na opakowaniu.

SAŁATKA
z komosą

1 PORCJA

K 234,7 ····· B 6,8 ····· T 12,1 ····· W 21,9 ····· F 5,0

- *2 łyżki komosy ryżowej*
- *4 pomidorki koktajlowe*
- *1 łyżka kiełków brokuła*
- *$^{1}/_{4}$ cytryny*
- *1 łyżka oleju rzepakowego*
- *1 garść jarmużu*
- *1 garść szpinaku*

Komosę ryżową gotujemy według przepisu na opakowaniu. Na oleju dusimy krótko jarmuż i szpinak. Pomidorki koktajlowe dzielimy na połówki. Mieszamy szpinak, jarmuż, pomidork i kaszę. Posypujemy kiełkami i polewamy sokiem z cytryny. Ewentualnie doprawiamy do smaku.

CZEKOLADOWA
owsianka z malinami

K 338,8 ····· B 12,1 ····· T 10,4 ····· W 42,1 ····· F 7,8

1 PORCJA

- *$^3/_4$ szklanki napoju roślinnego*
- *2 kostki gorzkiej czekolady*
- *4 łyżki płatków owsianych*
- *1 garść malin*
- *$^1/_3$ łyżeczki ksylitolu*

Napój podgrzewamy z dodatkiem czekolady i ksylitolu i mieszamy do rozpuszczenia. Płatki zalewamy mlekiem i dodajemy maliny.

JAGLANE SMOOTHIE
z brzoskwiniami

1 PORCJA

K 200,5 ····· B 5,5 ····· T 5,2 ····· W 30,8 ····· F 4,5

- *1 duża brzoskwinia*
- *2 łyżki kaszy jaglanej*
- *$^3/_4$ szklanki napoju roślinnego*

Gotujemy kaszę według przepisu na opakowaniu na półtwardo. Miksujemy wszystkie składniki.

PULPECIKI

z indyka i jarmużu z surówką i kaszą

2 PORCJE

K 437,4 ····· B 33,5 ····· T 9,9 ····· W 46,8 ····· F 13,9

- *3,5 garści jarmużu*
- *200 g mięsa z piersi indyka*
- *1 plaster imbiru*
- *1 łyżeczka oleju rzepakowego*
- *2 łyżeczki szczypiorku*
- *1 jajko*
- *1 szklanka wywaru warzywnego*
- *6 łyżek kaszy gryczanej*
- *2 łyżki sosu tamari*
- *sól, pieprz*

Mięso mielimy, łączymy z sosem tamari, pokrojonym szczypiorkiem, jajkiem, uduszonym na oleju jarmużem, startym imbirem oraz solą i pieprzem. Formujemy pulpeciki, wrzucamy na wywar i gotujemy do miękkości przez 10 minut. Podajemy z ugotowaną kaszą i surówką.

Surówka z czerwonej kapusty

1 PORCJA

- *2 liście kapusty czerwonej*
- *1 marchewka*
- *½ cebuli*
- *1 łyżeczka oliwy z oliwek*

Kroimy kapustę, marchewkę ścieramy na tarce, a cebulę siekamy. Mieszamy wszystkie składniki i skrapiamy oliwą.

KREM
z selera

K 197,6 ····· B 9,3 ····· T 11,1 ····· W 12,0 ····· F 7,9

1 PORCJA

- *½ dużego selera korzeniowego*
- *½ pietruszki*
- *1 łyżeczka posiekanej natki pietruszki*
- *⅓ pora*
- *⅓ ząbka czosnku*
- *2 łyżki migdałów w płatkach*
- *1 szklanka wody*
- *sól, pieprz*

Wszystkie warzywa drobno kroimy, zalewamy wodą i gotujemy do miękkości, a następnie miksujemy na gęsty krem, doprawiamy do smaku i posypujemy płatkami migdałowymi.

SAŁATKA
z pieczoną marchewką i tofu

1 PORCJA

K 325,5 ····· B 11,3 ····· T 10,2 ····· W 41,5 ····· F 12,6

- *1 mała garść roszponki*
- *1 mała garść rukoli*
- *6 liści sałaty*
- *2,5 marchewki*
- *1 łyżka nasion granatu*
- *1 łyżka soku z cytryny*
- *4 pomidorki koktajlowe*
- *1 plaster tofu*
- *1 łyżeczka oliwy z oliwek*
- *1 ząbek czosnku*
- *1 łyżeczka kiełków brokuła*
- *sproszkowana papryka chili*
- *sól, pieprz*
- *2 kromki pieczywa razowego*

Marchewkę kroimy w słupki, obtaczamy w oliwie i przyprawach. Pieczemy w piekarniku na półtwardo przez ok. 20 minut w temperaturze 180°C. Na talerzu rozkładamy wszystkie sałaty, przekrojone na pół pomidorki, pokrojone tofu i pieczoną marchewkę. Posypujemy kiełkami, nasionami granatu i polewamy sokiem z cytryny.

ORZECHOWY
twarożek ze szczypiorkiem

K 391,3 ····· B 26,1 ····· T 15,0 ····· W 33,5 ····· F 7,5

2 PORCJE

- *200 g sera twarogowego półtłustego*
- *2 łyżki orzechów włoskich*
- *2 łyżki szczypiorku*
- *½ dużego ogórka*
- *1 łyżeczka suszonej bazylii*
- *sól*
- *2 kromki pieczywa razowego*

Siekamy orzechy i szczypiorek. Rozgniatamy widelcem twaróg z przyprawami. Dodajemy szczypiorek i orzechy. Podajemy z pieczywem i ogórkiem.

KOKTAJL GRYCZANY

z mango i miętą

1 PORCJA

K 222,4 ····· B 2,9 ····· T 3,1 ····· W 46,1 ····· F 3,8

- *1 łyżka kaszy gryczanej niepalonej*
- *$^1/_3$ mango*
- *1 szklanka napoju ryżowego*
- *1 łyżka świeżej mięty*

Gotujemy kaszę gryczaną według przepisu na opakowaniu. Kroimy mango w kostkę i mieszamy z ugotowaną kaszą, napojem i miętą. Miksujemy na gęsty koktajl.

MAKARON
z bakłażanem, pomidorami i natką

K 484,9 ····· B 24,0 ····· T 12,5 ····· W 59,6 ····· F 137

1 PORCJA

- *1 szklanka makaronu spaghetti pełnoziarnistego*
- *1 pomidor*
- *1 ząbek czosnku*
- *$^1/_2$ bakłażana*
- *4 krewetki tygrysie*
- *1 kawałek ostrej papryczki chili*
- *1 łyżeczka posiekanej natki pietruszki*
- *1 łyżka oliwy z oliwek*
- *sól, pieprz*

Bakłażana kroimy w słupki (podstawa 1×1, wysokość – kilka cm), solimy (ok. $^1/_2$ łyżeczki) i odstawiamy. Makaron gotujemy według przepisu na opakowaniu. Pomidora kroimy w plasterki lub kostkę, natkę, czosnek i chili drobno siekamy. Bakłażana smażymy na rozgrzanej oliwie i odkładamy. Na patelnię wrzucamy czosnek i drobno posiekane chili, chwilkę smażymy (uwaga, żeby się nie spaliły!), dodajemy krewetki, smażymy, a pod koniec dorzucamy pomidory i trzymamy na ogniu 2–3 minuty. Dodajemy bakłażana, posiekaną natkę, makaron, mieszamy i doprawiamy do smaku.

TOSKAŃSKA
zupa fasolowa

K 152,3 ····· B 5,7 ····· T 6,7 ····· W 14,0 ····· F 4,9

5 PORCJI

- *1 garść szpinaku*
- *1/2 cukinii*
- *1 łyżka koncentratu pomidorowego*
- *2 szklanki pomidorów z puszki*
- *1 puszka fasoli białej konserwowej*
- *4 szklanki bulionu warzywnego*
- *2 ząbki czosnku*
- *1/2 cebuli*
- *3 łyżki oliwy z oliwek*
- *1/2 łyżeczki majeranku*
- *1/3 łyżeczki oregano*
- *bazylia świeża*

Pokrojoną w kostkę cebulę dusimy w garnku na oliwie, dodajemy obraną i pokrojoną w kostkę marchewkę i podsmażamy przez ok. 5 minut. Dodajemy obrany i starty czosnek, mieszamy, chwilę podsmażamy. Wlewamy bulion i zagotowujemy. Dodajemy całą zawartość puszki (fasolka + zalewa) oraz krojone pomidory z puszki, koncentrat, oregano, majeranek. Doprawiamy solą i pieprzem. Zagotowujemy, przykrywamy i gotujemy przez ok. 10 minut. Dodajemy pokrojoną w kostkę cukinię i gotujemy przez kolejne 10 minut. Na minutę przed końcem dodajemy opłukany szpinak. Zupę posypujemy posiekaną bazylią.

ZIELONA
sałatka z komosy ryżowej

1 PORCJA

K 249,1 ····· B 9,8 ····· T 8,8 ····· W 28,1 ····· F 7,7

- *3,5 łyżki ugotowanej komosy ryżowej*
- *1 łyżeczka oliwy z oliwek*
- *1 łyżka czarnych oliwek*
- *$^{1}/_{3}$ zielonej papryki*
- *1 mały ogórek*
- *4 łyżki groszku zielonego*
- *2 łyżki kiełków brokuła*

Komosę gotujemy według przepisu na opakowaniu i wystudzamy. Warzywa kroimy w kostkę i mieszamy z komosą. Doprawiamy oliwą i ulubionymi przyprawami.

KANAPKI

z hummusem oliwkowym

1 PORCJA

K 317,8 ····· B 7,2 ····· T 15,7 ····· W 32,7 ····· F 8,7

- *2,5 łyżki ciecierzycy (ugotowanej lub z puszki)*
- *3 oliwki*
- *½ pomidora*
- *4 liście sałaty*
- *2 kromki chleba pełnoziarnistego*

Ciecierzycę miksujemy z oliwkami. Smarujemy pieczywo i podajemy z warzywami.

OWOCE
pod kruszonką owsianą

K 297,1 ····· B 8,4 ····· T 8,2 ····· W 42,6 ····· F 10,4

1 PORCJA

- *2 łyżki malin*
- *2 łyżki czarnych porzeczek*
- *2 łyżki czerwonych porzeczek*
- *3 morele*
- *3,5 łyżki płatków owsianych*
- *1 łyżka migdałów w płatkach*
- *1/4 łyżeczki kardamonu*
- *1/2 łyżeczki ksylitolu*

Morele kroimy w ósemki i razem z resztą owoców wkładamy do miseczki. Posypujemy ksylitolem, prażonymi w piekarniku płatkami owsianymi i płatkami migdałowymi.

NALEŚNIKI
z kurczakiem i warzywami

5 PORCJI

K 373,3 ····· B 28,4 ····· T 13,9 ····· W 29,1 ····· F 6,7

Naleśniki podstawowe

- *9 łyżek mąki orkiszowej*
- *2 jajka*
- *1 szklanka wody*
- *3/4 szklanki wody gazowanej*
- *3 łyżki oleju rzepakowego*
- *sól*

Mąkę, jajka, wodę i sól wyrabiamy mikserem na ciasto naleśnikowe. Smażymy naleśniki na oleju rzepakowym. Możemy również dodać olej do ciasta i smażyć na patelni beztłuszczowej.

Farsz do naleśników

1 PORCJA

- *80 g fileta z piersi kurczaka*
- *3 łyżki startej cukinii*
- *$^{1}/_{4}$ bakłażana*
- *$^{1}/_{3}$ papryki*
- *$^{1}/_{2}$ łodygi selera naciowego*
- *$^{1}/_{3}$ łyżeczki szczypiorku*
- *1 łyżka koncentratu pomidorowego*
- *1 łyżeczka oliwy z oliwek*
- *2,5 łyżki jogurtu naturalnego*
- *$^{1}/_{4}$ łyżeczki mielonej gałki muszkatołowej*
- *$^{1}/_{3}$ łyżeczki oregano*
- *sól, pieprz*

Kroimy w małą kostkę pierś kurczaka oraz warzywa. Podsmażamy na oliwie z oliwek. Doprawiamy przyprawami i mieszamy z przecierem pomidorowym. Powstałym farszem nadziewamy naleśniki i polewamy je zimnym jogurtem naturalnym.

KREM
z groszku i cukinii

1 PORCJA

K 217,0 ····· B 11,1 ····· T 3,4 ····· W 29,2 ····· F 11,2

- *3/4 szklanki mrożonego groszku*
- *1/2 dużej cukinii*
- *1/2 szklanki wywaru warzywnego*
- *kawałek papryczki chili*
- *1/2 łyżeczki oliwy z oliwek*
- *1/3 łyżeczki startej skórki z cytryny*
- *1 łyżeczka szałwii*
- *1 łyżka świeżej mięty*
- *sól, pieprz*
- *1 kromka chleba razowego*

Cukinię ścieramy na tarce, wkładamy do garnuszka razem z groszkiem i zalewamy wywarem. Gotujemy przez ok. 15 minut. Miksujemy warzywa na krem, doprawiamy do smaku. Polewamy oliwą i posypujemy skórką z cytryny. Zupę podajemy z pieczywem.

PASZTET JAGLANY
z warzywami

K 2746 ····· B 10,5 ····· T 11,3 ····· W 27,3 ····· F 9,7

3 PORCJE

- *5 łyżek ugotowanej kaszy jaglanej*
- *8 łyżek ugotowanej czerwonej soczewicy*
- *1 marchewka*
- *3 łyżki oleju rzepakowego*
- *½ plastra selera, ½ pietruszki*
- *1 cebula, 1 pomidor*
- *1 ogórek kiszony*
- *1 rzodkiew biała*
- *1,5 łyżki jasnego sosu sojowego*
- *3 liście laurowe*
- *3 ziarna ziela angielskiego, 2 goździki*
- *1 ziarno jałowca, 1 łyżeczka majeranku*
- *½ łyżeczki muszkatołowej*
- *1 łyżeczka pieprzu, ½ łyżeczki soli*

Ścieramy na grubych oczkach marchew, pietruszkę i seler. Kroimy w kostkę cebulę i podsmażamy na 1 łyżce oleju z liśćmi laurowymi, zielem angielskim, goździkami i jałowcem. Po usmażeniu wyrzucamy przyprawy. Miksujemy kaszę z soczewicą, olejem, sosem sojowym, cebulą i pozostałymi przyprawami. Dodajemy warzywa do masy i jeszcze raz miksujemy do osiągnięcia pełnej gładkości. Przekładamy masę do foremki wyłożonej papierem do pieczenia i pieczemy w nagrzanym do 180°C piekarniku przez ok. 50 minut. Pasztet podajemy z pomidorem, ogórkiem i rzodkwią.

RACUSZKI
z batata i cukinii

1 PORCJA

K 238,0 ····· B 8,5 ····· T 6,5 ····· W 33,0 ····· F 8,3

- *1 mały pomidor*
- *1/3 łyżki pestek dyni*
- *120 g batata*
- *1 łyżeczka płatków owsianych*
- *2 łyżki mąki orkiszowej*
- *1/2 łyżeczki oliwy z oliwek*
- *1/3 cukinii*
- *sól, pieprz*

Batata obieramy i ścieramy na tarce o dużych otworach. Następnie odajemy płatki z odrobiną wody (aby powstała odpowiednia konsystencja), mąkę, doprawiamy przyprawami, dokładnie mieszamy. Na rozgrzaną patelnię skropioną oliwą z oliwek kładziemy cienką warstwę ciasta i smażymy na złocisty kolor z obu stron (możemy zapiec w piekarniku).

KOKTAJL
jagodowy

K 159,0 ····· B 2,8 ····· T 2,4 ····· W 31,6 ····· F 2,8

1 PORCJA

- *2 łyżki ugotowanej na półtwardo kaszy jaglanej*
- *1 szklanka jagód*
- *$^{1}/_{2}$ szklanki napoju ryżowego*

Miksujemy wszystkie składniki na koktajl. Jeżeli będzie ciężko się miksowało, można dodać więcej napoju lub wody.

MAKARON
z wołowiną

1 PORCJA

K 508,4 ····· B 29,4 ····· T 10,1 ····· W 65,4 ····· F 13,1

- *1 szklanka makaronu pełnoziarnistego*
- *70 g wołowiny*
- *1 garść szpinaku*
- *$^1/_3$ czerwonej papryki*
- *$^1/_3$ cukinii*
- *$^1/_2$ cebuli*
- *1 łyżeczka pestek dyni*
- *1 ząbek czosnku*
- *$^1/_2$ łyżeczki tymianku*
- *$^1/_2$ łyżeczki rozmarynu*
- *sól, pieprz*

Makaron gotujemy według przepisu na opakowaniu. Paprykę kroimy w paseczki, pomidora w ćwiartki, a cukinię w plastry. Cebulę i czosnek siekamy. Na rozgrzaną oliwę wrzucamy paprykę na 3 minuty, dodajemy cukinię, cebulę, szpinak, czosnek i dusimy jeszcze przez 2 minuty. Dodajemy zioła, pestki dyni, pomidory i dusimy przez kolejne 2 minuty. Mieszamy z makaronem, doprawiamy do smaku.

ZUPA KREM
z dyni z kaszą orkiszową

K 318,6 ····· B 9,7 ····· T 13,3 ····· W 35,4 ····· F 9,5

2 PORCJE

- *2 szklanki bulionu warzywnego*
- *200 g dyni*
- *2 ząbki czosnku*
- *1 łyżka oliwy z oliwek*
- *1 łyżka posiekanej natki pietruszki*
- *3 łyżki pestek dyni*
- *3 łyżki kaszy orkiszowej*

W garnku podsmażamy czosnek na oliwie z oliwek. Dodajemy bulion, pokrojoną w kostkę dynię i gotujemy przez ok. 15 minut. Miksujemy zupę na krem, doprawiamy do smaku. Kaszę gotujemy według wskazań na opakowaniu. Zupę podajemy z kaszą. Na talerzu posypujemy ją pestkami dyni i posiekaną natką pietruszki.

SAŁATKA
z truskawkami i krewetkami

1 PORCJA

K 283,4 ····· B 21,9 ····· T 14,2 ····· W 18,0 ····· F 3,3

- *6 krewetek tygrysich*
- *10 liści sałaty*
- *½ pomidora*
- *5 truskawek*
- *½ łyżeczki posiekanej dymki*
- *1 łyżeczka oleju rzepakowego*
- *1 łyżka orzechów nerkowca*
- *kolendra świeża*

Krewetki smażymy na oleju rzepakowym. Rozkładamy rozdrobnioną na mniejsze kawałki sałatę, na niej kładziemy pokrojonego pomidora, truskawki, dymkę, usmażone krewetki. Posypujemy kolendrą i ewentualnie doprawiamy do smaku.

PASTA
z suszonych grzybów

K 239,5 ····· B 7,1 ····· T 3,6 ····· W 36,9 ····· F 6,5

5 PORCJI

- *7 łyżek kaszy jaglanej*
- *4 ugotowane grzyby leśne*
- *1 marchewka*
- *4 ogórki kiszone*
- *5 pomidorów*
- *2,5 garści roszponki*
- *1 łyżka oleju rzepakowego*
- *1 łyżka posiekanej natki pietruszki*
- *1 ząbek czosnku*
- *7,5 kromek chleba żytniego razowego*
- *sól, pieprz*

Kaszę jaglaną gotujemy według przepisu na opakowaniu na półtwardo i miksujemy niezbyt dokładnie. Grzyby kroimy w małą kostkę, marchewkę ścieramy na tarce, czosnek przeciskamy przez praskę. Marchewkę i czosnek podsmażamy do miękkości na oleju rzepakowym. Ogórki kiszone kroimy w małą kostkę. Mieszamy dokładnie kaszę z podduszonymi warzywami, grzybami, ogórkami i natką pietruszki. Doprawiamy do smaku. Pastę podajemy z pieczywem, roszponką i pomidorem.

KOKTAJL
z pokrzywy i jęczmienia

1 PORCJA

K 198,5 ····· B 4,4 ····· T 7,4 ····· W 27,4 ····· F 5,0

- *1/2 małej garści pokrzywy*
- *1 kiwi*
- *3/4 szklanki wody*
- *1/2 łyżeczki proszku młodego zielonego jęczmienia*
- *1/2 jabłka*
- *1 garść borówek amerykańskich*
- *1 łyżka orzechów nerkowca*

Jabłko kroimy w kostkę, kiwi obieramy i kroimy na ćwiartki. Miksujemy pokrzywę, jabłko, kiwi, wodę i młody jęczmień na koktajl. Podajemy go z borówkami i orzechami.

FASZEROWANA
papryka z wołowiną

K 429,9 ····· B 33,2 ····· T 12,8 ····· W 38 ····· F 6,9

1 PORCJA

- *1 czerwona papryka*
- *100 g mięsa wołowego świeżo zmielonego*
- *1/3 puszki pomidorów krojonych*
- *8 łyżek gotowanej kaszy jaglanej*
- *1/2 jajka*
- *1 łyżeczka oliwy z oliwek*
- *1 łyżeczka przecieru pomidorowego*
- *1 ząbek czosnku*
- *1/2 cebuli*

Obsmażamy zmielone mięso z pokrojoną cebulką na małej ilości tłuszczu. Mięso mieszamy z pozostałymi składnikami (oprócz papryki). Wypełniamy paprykę farszem i pieczemy przez ok. 20 minut w temperaturze 160°C.

ZUPA OGÓRKOWA
z batatem

4 PORCJE

K 244,0 ····· B 7,2 ····· T 6,8 ····· W 33,5 ····· F 6,7

- *6 szklanek bulionu warzywnego*
- *3 ogórki kiszone*
- *1 batat*
- *2 łyżki oliwy z oliwek*
- *1 cebula*
- *1 mały por*
- *kawałek papryczki chili*
- *1 marchewka*
- *½ pietruszki*
- *½ plastra selera korzeniowego*
- *1 liść laurowy*
- *2 ziarnka ziela angielskiego*
- *1 łyżka posiekanej natki pietruszki*
- *4 kromki pieczywa razowego*

Cebulę kroimy na małe kawałki i smażymy na oliwie z oliwek. Marchewkę, pietruszkę, seler i ogórki ścieramy na tarce, pora kroimy na cieniutki plasterki. Warzywa z podsmażoną cebulą zalewamy bulionem, dodajemy pokrojonego w kostkę batata, przyprawy i gotujemy przez ok. 20 minut do miękkości kaszy. Zupę w miseczce posypujemy natką pietruszki i podajemy z pieczywem.

SAŁATKA
z łososiem i ryżem

K 379,0 ····· B 26,9 ····· T 15.3 ····· W 30,6 ····· F 5,5

1 PORCJA

- *100 g świeżego łososia*
- *2 łyżki jogurtu naturalnego*
- *1 pomidor*
- *2 garści szpinaku*
- *8 łyżek ugotowanego ryżu brązowego*

Łososia doprawiamy do smaku i pieczemy w piekarniku przez ok. 15–20 minut w temperaturze 180°C. Mieszamy szpinak, pokrojonego w kostkę pomidora oraz rozdrobnionego łososia i ugotowany ryż. Sałatkę polewamy jogurtem i doprawiamy do smaku.

O Autorce

Mgr Hanna Stolińska-Fiedorowicz – dietetyk kliniczny, absolwentka Warszawskiego Uniwersytetu Medycznego. Przez siedem lat pracowała w Instytucie Żywności i Żywienia, pełniąc m.in. funkcję lidera zadania dotyczącego nadwagi i otyłości w Szwajcarsko-Polskim Programie Współpracy. Współpracuje z osobami z problemem nadwagi i otyłości, chorób dietozależnych oraz będącymi na dietach alternatywnych ze szczególnym uwzględnieniem diet roślinnych. Prowadzi szkolenia dla dietetyków i lekarzy dotyczące między innymi żywienia w chorobach tarczycy. Wykładowca na studiach podyplomowych Żywienie Człowieka w IŻŻ oraz Dietetyce na Łódzkim Uniwersytecie Medycznym. Współtwórca i opiekun merytoryczny projektu edukacji żywieniowej w szkołach „Zielona Kraina". Współpracuje z licznymi firmami, promując zasady zdrowego żywienia, oraz cateringami, zarówno dietetycznymi, jak i tymi, które przygotowują posiłki do szkół i przedszkoli. Szerzy wiedzę na temat zdrowego żywienia poprzez liczne wykłady i spotkania z różnymi odbiorcami, również z osobami starszymi, rodzicami dzieci w szkołach i przedszkolach. Wykonawca wielu zadań Narodowego Programu Zdrowia i kampanii społecznych. Aktywny uczestnik konferencji naukowych w Polsce i za granicą. Przekazuje wiedzę żywieniową również poprzez liczne wystąpienia telewizyjne i radiowe oraz pisanie artykułów naukowych i popularnonaukowych. Współautorka między innymi takich książek jak „Love Vegan" oraz „Jeść Zdrowiej" Autorka książki „Jelito drażliwe" (Wydawnictwo Zwierciadło).

Dietetyka jest nie tylko moją pracą – mówi – *ale przede wszystkim sposobem życia, pasją, która daje ogrom satysfakcji i samorealizacji. Moim celem jest zwiększanie świadomości zdrowego żywienia przy zastosowaniu prawidłowo zbilansowanej diety wśród wszystkich pokoleń naszego społeczeństwa dla poprawy zdrowia i jakości codziennego życia. W mojej pracy najważniejszą zasadą jest indywidualne podejście, zaangażowanie i wsparcie w każdym momencie zmagania się z walką o zdrowy styl życia. Fascynuję się nie tylko zdrowym żywieniem, ale również gotowaniem smacznych i zdrowych potraw, pokazując, jak można przygotowywać ciekawe posiłki w czasie warsztatów i samodzielnej nauki gotowania w domu pacjenta.*

Redakcja: Ewa Kłosiewicz
Korekty: Melanż
Okładka i rysunki (strony 11, 12, 52): Ada Kujawa
Projekt graficzny: Paweł Panczakiewicz/PANCZAKIEWICZ ART.DESIGN®
Skład i łamanie: Andrzej Sobkowski, Magraf s.c., Bydgoszcz

Zdjęcia
I strona okładki: IStock / Getty Images
Portret Autorki oraz strony 103, 106, 122, 127, 130, 137, 155, 157, 158, 178, 187, 190, 197, 207, 212, 217, 243, 253: Justyna Lenart / archiwum Autorki
Pozostałe: IStock / Getty Images

Redaktor prowadzący: Magdalena Chorębała
Dyrektor produkcji: Robert Jeżewski

ISBN: 978-83-8132-048-1

Druk: OZGraf S.A.

Wydawnictwo Zwierciadło Sp. z o.o.
ul. Postępu 14, 02-676 Warszawa
tel. 22 312 37 12
Dział handlowy:
handlowy@grupazwierciadlo.pl

Autorka serdecznie dziękuje
Pauli Kraśniewskiej z Natur Chef
za pomoc w komponowaniu przepisów.

Wydawca zastrzega, że nie ponosi odpowiedzialności za skutki zdrowotne. Stosowanie metod przedstawionych w książce powinno odbywać się po konsultacji z lekarzem.
